KB192221

성만교회 교사들

한 교사의 힘

**한 교사의 힘**

지은이  이찬용
펴낸이  임상진
펴낸곳  (주)넥서스

초판 1쇄 발행 2015년 11월 28일
초판 8쇄 발행 2018년  6월 15일

출판신고 1992년 4월 3일 제311-2002-2호
10880 경기도 파주시 지목로 5
Tel (02)330-5500 Fax (02)330-5555
ISBN  979-11-5752-565-2  03230

www.nexusbook.com
넥서스CROSS는 (주)넥서스의 기독 브랜드입니다.

함께 자라는 교회 교육 프로그램

# 한 교사의 힘

이찬용 지음

성인식, 파자마 토크,
꿈을 먹고 살지요, 컴앤씨 등
**새로운 패러다임의
프로그램 자료집**

넥서스CROSS

# 교사 십계명

1 전도하려 하지 말고 사랑하라

2 가르치지 말고 같이 놀아라

3 변화시키려 하지 말고 이해해라

4 부흥시키려 하지 말고 기도해라

5 재정으로 하지 말고 내 주머니를 열어라

6 그룹 카톡으로 서로의 생각을 공유해라

7 생각을 메모하고 공유해라

8 기다리지 말고 전도하라

9 함께 추억을 만들어라

10 독서하는 습관을 가져라

## 한국 교회 교육의 미래를 보다

많은 목회자가 목회하면서 어렵고 답답하게 느끼는 게 교회 학교이다. 나 역시 그랬다. 그러다 성만교회가 어린이날에 지역 사회를 섬기는 행사인 "꿈을 먹고 살지요"를 눈여겨보게 되었고, 우리 교회에서도 한강시민공원에서 하게 되었다. 예수님의 사랑으로 지역 사회를 섬기는 일을 하면서 우리 교회 성도들의 자긍심이 높아졌다. 교회의 각 기관이 하나가 되었으며, 교회 학교의 부흥에도 불쏘시개가 되었다.

지금도 많은 목회자가 교회 학교 때문에 고민하고 또 고민할 것이다. 그들에게 나는 주저 없이 이 책《한 교사의 힘》을 추천한다. 그 해결의 실마리를 얻을 수 있을 것이라 믿기 때문이다. 공동체가 함께 다음세대를 키우자는 이 책은 하나하나 따라할 만한 새로운 패러다임의 프로그램 자료집이다. 한 교사의 힘이 얼마나 영향력 있는지 이 책을 통해 도전받고 한국의 모든 교회가 시작하여 열매 맺기를 기대한다.

광진명성교회 담임목사 **백 대 현**

## 전도하려 하지 말고 사랑하라

성만교회 교사 십계명 중 첫 번째 계명이다. 교회 부흥의 방법론을 찾아 허둥대는 것이 아니라 본질로 들어가 저절로 부흥이 일어나는 교회 학교의 비전을 볼 수 있다.

30여 년 전의 프로그램을 답습하며 변화를 꿈꾸는 한국 교회. 그래서인지 해도 안 되더라는 좌절과 포기가 만연하다. 그런데 같은 시대를 전혀 다르게 살아가는 성도들의 이야기가 교육 프로그램 자료집으로 나왔다. 바로 이 책《한 교사의 힘》이다.

학생과 교사, 아이와 어른이 함께 자라는 교회 교육 프로그램. 한국 교회 교육의 미래가 담겨 있는 이 책을 감히 추천한다.

창원명곡교회 담임목사 **이 상 영**

# 한 교사의 힘

어려서부터 저희 가정에는 예수를 안 믿는 사람이 없었습니다. 외숙모는 재작년에 브라질 아마존 밀림에서 선교하시다가 93세의 나이로 돌아가셨습니다. 그런 환경에서 자라며 교회를 다녔지만 제게 교회란 시간 때우는 곳이었습니다. 종종 엄마를 따라 새벽 예배에도 갔지만 교회에서 말하는 예수님은 부모님의 예수님이지, 나의 예수님은 아니었습니다.

군대에 다녀와서 직장에 취직해 2년 7개월 근무했습니다. 회사에서 인정받으려고 토요일 밤까지 열심히 일했습니다. 그런데 하루는 토요일 낮에 할 일이 모두 끝나 친구 집에 놀러 갔습니다. 그런데 그날따라 기도가 하고 싶었습니다. 참 별일이었습니다. 친구들에게 "얘들아, 나 기도하러 간다"라고 말하고 밖으로 나왔습니다. 그리고 전에 지나가다가 본 기도원 간판이 생각나서 기억을 더듬어 찾아갔습니다.

오랫동안 기도하려고 미국 대통령부터 시작해 우리나라 대통령, 제 형제와 사촌들을 위해 기도하고 맨 마지막에 저를 위해 기도했습니다. 기도를 마치고 시간을 봤더니 15분밖에 안 지났습니다. 기도를 안 하던 사람은 15분도 무척 길게 느껴집니다. 그런데 그때 어느 집사님의 말이 불쑥 생각났습니다.

"기도를 못해서 주기도문을 외며 손가락을 열 번 오므렸다 펴면서 백번을 했더니 기도문이 열렸어요!"

기도하고 싶은데 할 말이 없어서 저도 주기도문을 3~40번 정도 반복해서 암송했습니다. 그런데 갑자기 제 손등에 눈물이 뚝 떨어지는데 뜨거웠습니다. 자꾸 제가 죄인이라는 생각이 들었습니다. 그동안 저는 혼자서 일해 남동생, 여동생을 공부시켰습니다. 동네에서 착한 사람으로 통했습니다. 그런데 자꾸만 제 마음이 뜨거워지면서 죄인이라는 생각이 드는 게 이상했습니다. 그때 마음 한편에 팍! 들어온 생각이 있었습니다.

"야! 너 하나님 없이 얼마든지 살 수 있다고 생각했잖아!"

그 순간 저는 처음으로 "예수님, 잘못했습니다"라고 고백했습니다. 그동안 제 힘과 노력으로 사는 줄 알았습니다. 예수님은 필요 없었습니다. 그런데 "제가 하나님을 믿습니다"라고 고백하니까 통곡이 터져 나왔습니다. 그리고 제 혀가 저절로 움직이기 시작했습니다. 그렇게 한 시간 넘게 울며 기도했습니다.

기도를 마치고 산에서 내려오는데 기쁨이 몰려왔습니다. 내 몸이 하늘을 붕붕 나는 것 같았습니다. 저는 그 자리에서 "예수님은 살아 계십니다. 예수 믿으세요!"라고 전도하기 시작했습니다.

몇 달 뒤, 저는 교회 아동부 부장 선생님을 찾아가 교사를 시켜달라고 얘기했습니다. 처음으로 초등학교 1학년 남자아이 7명을 맡게 되었습니다. 7명으로 시작했는데 시간이 지나자 4명만 나오고 다른 아이들이 나오지 않았습니다. 저는 밤 9시에 교회에 가서 스티로폼을 깔고 군용 담요를 뒤집어쓰고 기도하다가 잠깐 잠을 자고 그다음 날 일하러 갔습니다. 제 마음엔 항상 "주님 저 잘하고 싶어요"라는 기도가 있었습니다. 기도도 할 줄 몰랐던 제가 항상 "잘하고 싶다"라고 기도한 것입니다. 어떨 땐 잠들면서도 "주님 잘하고 싶어요"라고 고백했습니다.

어느 날 "기다리지 말고 나가서 전도해!"라는 생각이 들었습니다. 그래서 주일 아침 예배를 마치고 오후 아동부 예배 시간까지 껌과 사탕을 사서 전도하러 다니기 시작했습니다. 전도해 보신 분들은 아시겠지만 요즘 애들이 보통이 아닙니다.

"저희 집은 대대적인 불교 집안이에요!"

"저는 지옥처럼 뜨거운 사우나를 좋아해요!"

제가 가는 곳에는 꼭 이렇게 말하는 녀석들이 있었습니다. "이 아저씨가 또 있네?"라는 소리를 들으면서도 계속 그 자리에 나갔습니다.

"얘들아, 교회 다니니? 선생님이랑 같이 교회 갈까?"

창피하긴 했지만 그냥 전도했습니다. 어찌된 일인지 그때부터 아이들이 참 좋아졌습니다. 아이들이 좋아서 전도하러 나가면 어느 날은 1~2명, 어느 날은 한 명도 전도하지 못할 때도 있었습니다. 그래도 매주 나가서 전도하니까 어느 날은 시작한 지 1시간도 안 지났는데 30명을 넘게 전도한 적도 있었습니다. 그래서 나중에는 제가 교회에서 전도 대장이 되었습니다.

현재 한국 교회의 교회 학교는 대부분 교역자가 맡고 있습니다. 성도가 100명만 넘어도 담임 목회자 한 명이 교회의 모든 부서를 감당하는 것은 불가능합니다. 제가 첫 번째 사역지에서 교육 전도사로 섬기다가 다른 교회로 부임할 때 맡았던 아이들이 길거리까지 따라나와 가지 말라고 매달렸습니다. 매주 토요일이면 우리 집에 와서 다시 돌아와 달라고 애원하기도 했습니다. 저는 찾아오는 아이들에게 "이젠 여기 오지 마!" 하고 매몰차게 대했습니다. 그 일은 제게도 상처였지만 아이들에게도 상처가 되었을 것입니다. 집에서 키우던 강아지 한 마리가 없어져도 마음이 아픈데, 가깝게 지내던 사람과의 헤어짐이 아이들에게 얼마나 큰 상처였을까요.

평균적으로 1~2년, 길어야 3~5년마다 교회 학교를 담당하는 전도사나 교육 목사와 이별하는 아이들은 저마다 마음에 상처가 있을 것입니다. 그리고 그것이 반복되면 아예 이별의 아픔 때문에 마음을 주지 않는 냉담한 관계가 될 수도 있습니다. 또 담당 교역자가 잘해서 부흥이 되다 하더라도 한국 교회의 현실상 몇 년이 지나면 떠나야 하기에 그러면 원점으로 돌아가는 것이 다반사입니다.

그렇다면 교회 교육은 누가 담당해야 할까요? 저는 자주 바뀌는 교역자, 시간과 힘이 안 되는 담임 목회자가 아니라 담당 교사가 교육의 주체가 되어야 한다고 믿습니다. 교사나 부장이 아이들과 뒹굴며 어울리고, 아이들과 함께 호흡할 수 있다면 자주 바뀌는 교육 전도사 때문에 아이들이 가슴앓이를 하지 않아도 될 것입니다.

담임 목회자의 목회 철학을 이해하고 그 교회와 오랫동안 함께하는 교사가 있는 한, 아이들은 흔들림 없이 신앙생활을 할 수 있습니다. 저희 교회의 중고등부 교역자가 옮기게 되어 몇 개월 동안 중고등부 부서에 교역자가 없게 되었습니다. 그런데도 중고등부는 아무런 문제가 없었습니다. 교사가 아이들의 진짜 목자이기 때문입니다. 그래서 교회에는 "내가 내 아이를 책임지리라!" 하는 마음으로 섬기는 교사 한 명이 굉장히 소중합니다. 한 명도 안 나서면 모두 도토리 키 재기처럼 그 자리에 머물고 맙니다. 그러나 한 명이 유리벽을 깨고 나가면 그 부서는 다 같이 힘을 얻습니다.

보통 한 반에 20명 이상 출석시키는 교사는 100% 자기 주머니를 열어 섬깁니다. 교회에서 재정을 타서 하려는 생각 자체가 없습니다. 간혹 "우리 아동부는 예산이 없어요!", "장로님이 너무 힘들게 해요" 등의 이야기를 하는 교사가 있습니다. 그러면 저는 이렇게 말합니다.

"하나님의 나라는 변명이 필요 없습니다. 정 돈이 없으면 아이들과 함께 식당에서 라면이라도 끓여 먹으세요!"

주님의 일은 믿음만큼, 능력만큼 하는 것입니다. 우리에게 맡겨 주신 영혼을 끌어안고 뒹굴어 보세요. 그 아이가 10년~20년이 지난 뒤에 "선생님 덕분에 인생이 바뀌었어요"라고 고백하는 것을 들을 수 있을 것입니다. 교사는 이렇게 중요한 직분입니다. 주님이 우리에게 삶을 주셨고, 아이들과 뛰놀 수 있는 좋은 기회를 주셨는데 우리가 움직이지 않는다면 그것은 바보입니다.

"잔디 깎기 부모"라는 말을 들어 보셨나요? 그들은 직접 잔디 깎기가 되어서 자녀가 걷게 될 그 길 위에 놓인 위험 요소와 장애물을 말끔하게 제거합니다. 그런 부모 아래서 크는 아이들은 잡초와 돌멩이 하나 없는 평탄한 길을 걷게 됩니다. 성공만이 존재하는 길입니다. 그런데 만약 잔디 깎기로 제거하지 못한 역경과 마주치게 된다면 아이들은 그 역경을 스스로 잘 헤쳐 나갈 수 있을까요?

그런데 그 반대편엔 온갖 좌절을 혼자 헤쳐 나가야 하는 아이들도 있습니다. 1955년 하와이 카우아이 섬(Kaua'i Island)에서 태어난 833명의 아이들 중 201명이 고위험군 환경의 가정에서 자라고 있었습니다. 극심한 가난, 부모의 이혼, 알코올 중독이나 정신질환을 가진 부모들 등등 그들이 처한 상황은 조금씩 달랐습니다. 이 아이들은 어떤 사람으로 성장했을까요? 자기 앞에 놓인 불행을 잘 극복할 수 있었을까요?

모두 고위험군 가정환경의 아이들이 사회 부적응자가 될 것이라 예상했는데 그것은 빗나갔습니다. 30년이 넘는 연구 결과 이들 중 72명의 아이들은 부모의 뒷바라지와 경제적 지원을 받지 못했지만 부유한 환경에서 자란 아이들보다 더 도덕적이며 성공적인 삶을 일궈냈습니다.

온갖 실패와 좌절을 경험하면서도 잘 자란 72명의 아이들. 이 아이들은 무엇이 달랐을까요?

연구진은 72명 모두가 갖고 있었던 하나의 공통점을 발견했습니다. 그건 아이들 주변에 있었던 단 한 사람의 존재였는데요. 잘 자란 아이의 주변에는 어떤 상황에서도 아이들을 믿어 주고, 무조건적인 사랑을 베풀어 주는 사람이 있었습니다. 의지할 수 없는 부모 대신 조부모나 친척, 때로는 마을 사람이나 성직자, 선생님 등이 그 역할을 해주었습니다.

성공한 아이들의 주변에서 발견된 그들의 숫자는 최소한 1명. 언제든 내 편이 되어 주는 단 한 사람의 존재가 실패와 좌절 속에서도 다시 일어설 수 있는 회복력의 핵심이었던 것입니다. 그 한 사람이 바로 우리가, 내가 되어야 하는 것입니다. 그것이 교사의 사명입니다(EBS 뉴스G, "아이에게 필요한 단 한 사람" 중에서).

그 사명을 품고 아이들에게 복음을 전해 주시기를 소망합니다. 교회 학교는 나에게 달려 있습니다. 나 하나만 살면 우리 아이들이 삽니다. 나 한 사람의 분명한 신앙고백이 교회 학교를 넘어 온 교회까지 이어집니다.

그 복음을 믿고 전하는 한 명의 교사,
그 교사가 참으로 귀합니다!

성만교회 담임목사 이 찬 용

©이예현

차 례

파자마 토크
소개영상 바로가기

# 파자마 토크

## The Power of One Person

어느 아동부 어린이가 목사님과 얘기하다가 "그런데 아저씨 누구세요?"라고 질문하였다. 이 한 마디는 담임 목사님에게 충격이었고, 교회 아이들과 거리를 좁혀야겠다는 생각을 품게 만들었다. 그래서 파자마 토크가 기획되었다. 아동부와 중고등부 학생에게 초점을 맞추어 운영하면서, 함께하는 시간을 통해 교회 공동체의 일원이라는 공동체 의식을 높이게 했다. 목사님과 함께하는 즐거운 추억도 물론 나누게 되었다. 그리고 이 파자마 토크는 아이들과 교회 어른들과의 만남으로 자연스럽게 이어져 모든 부서가 함께하는 여름 프로그램이 되었다.

'모든 연령대가 함께하는 것이 가능할까?'라는 의문이 들 것이다. 그런데 역할을 나누면 된다. 전 연령대가 함께하되 각자의 역할을 맡는 것이다. 아동부, 중고등부의 역할은 신나게 노는 것, 그들은 모든 프로그램의 중심에 있다. 청년부는 게임 등의 진행 도우미와 조별 리더의 역할을 감당한다. 장년부는 저녁 식사와 뒷정리 등의 도우미 역할을 감당하며 아이들과 함께 어울리는 것까지 한다. 아이들의 간식을 준비하는 것, 즐겁게 노는 아이들을 따뜻한 눈으로 바라보며 흐뭇해하는 것 역시 큰 역할 중 하나다.

그런데 지금은 초창기와 다르게 그 역할의 경계가 조금씩 허물어지고 있다. 신나게 노는 장로님, 팀의 리더가 된 집사님, 뒷정리를 돕는 청년부, 심지어 간식을 어른들 입까지 운반하는 아동부까지 역할 바꾸기가 시작된 것이다. 신나게 노는 중심축이 아이들에게서 전 연령대로 옮겨지게 되었다. 파자마 토크가 모두 함께 즐기는 행복한 시간이 된 것으로 긍정적인 변화라 하겠다.

# 사전 준비

전체 기획팀을 구성한다. 총괄할 담당 교역자를 중심으로 순서를 정하고 각 행사별 역할을 구분하여 조직한다(조직도 25페이지). 인원수는 교회 규모에 맞게 정하면 된다. 홍보에서부터 참여 독려까지, 모두가 함께하는 행사가 되도록 준비한다.

## ★ 홍보

파자마 토크는 광고로 시작된다. 광고는 행사 3주 전부터 진행하는데, 교회 주보와 영상을 이용한다. 주보에는 일정을 안내하고 지난해 진행했던 파자마 토크 영상을 편집하여 보여 준다. 이 영상을 통하여 기존에 파자마 토크를 참석했었던 성도들은 즐거웠던 시간을 추억하며 자연스럽게 올해의 파자마 토크를 기대하게 된다.

## ★ 진행 회수 결정

파자마 토크의 큰 장점은 다양한 사람이 쉽게 녹아들 수 있다는 것이다. 물론 서로의 역할과 수준이 다르겠지만 조금만 용기를 낸다면 누구나 함께 즐길 수 있는 시간이 된다. 그런 이유 때문에 파자마 토크의 참여자는 상당히 많은 편이고, 이 점을 고려하여 여러 번에 나누어서 진행한다. 우리 교회의 경우 3번에서 많을 때는 5번까지 진행했다. 성도들이 참석할 수 있는 날을 선택할 수 있어 더 많은 성도가 함께 즐길 수 있었다.

## ★ 권면

처음 2주 정도는 권면의 시간으로 활용하는 것이 필요하다. 파자마 토크는 조금만 용기를 낸다면 누구나 참여할 수 있는 프로그램이기는 하지만 초신자와 내성적인 사람에게는 그 작은 용기가 넘기 힘든 산이기도 하다. 때문에 교회의 교역자를 비롯한 구역장 및 교사 등 리더 역할을 감당하는 사람이 주변의 많은 사람에게 권면하고 약속받는 것이 필요하다.

약속할 때는 정확한 날짜를 받는 것이 좋다. 파자마 토크는 여러 번으로 나뉘어 있기 때문에 정확히 날짜를 정하지 않으면 참여 가능성이 떨어지기 때문이다. 따라서 참여하겠다는 정확한 날짜를 확인하고, 가능하다면 권면한 사람도 같은 날 참여하는 것이 좋다.

이 권면하는 작업이 가장 중요하다. 많은 초신자가 우리의 권면을 기대하고 기다리고 있기 때문이다.

## 행사 진행

1박 2일의 일정으로 할지 하루 일정으로 할지 결정해서 진행 일정표를 짠다.
세부 일정을 참조하여 구체적으로 준비해서 시행착오를 최소화하자.
때로는 시행착오 자체도 좋은 추억이 될 수 있다.

## 일정

처음 파자마 토크는 캠프의 형식을 따랐다. 때문에 교회에서 취침하고, 다음 날 새벽 예배까지 참석하는 1박 2일의 형태였다. 처음 파자마 토크는 아이들 중심으로 진행되었다. 하지만 현재는 파자마 토크를 하루 일정으로 진행하고 있다.

## 1박 2일의 경우 일정표

| 시 간 | 일 정 | 비 고 |
|---|---|---|
| ~ 17:00 | 교회 도착 | 등록 |
| 17:00 ~ 17:50 | O.T. | 간단한 Ice Break, O.T. |
| 17:50 ~ 18:30 | 저녁 장보기 | 조별로 저녁 식사 재료를 직접 구입 |
| 18:30 ~ 20:00 | 저녁 식사 | 구입한 재료를 직접 손질하고, 저녁 식사를 함께 조리 |
| 20:00 ~ 21:00 | 레크리에이션 | 담임 목사님을 비롯해 모두 참여 |
| 21:00 ~ 22:30 | 물놀이 | 담임 목사님을 비롯해 모두 참여 |
| 22:30 ~ | 간식 & 취침 | 교회 상황에 맞춰 이불 준비 |
| 5:00 ~ 5:50 | 기상, 새벽 기도 | 안수 기도 |
| 6:00 ~ 6:50 | 목사님과 아침 산책 | 우천시 취소 |
| 6:50 ~ 7:15 | 아침 식사 | 간단한 식사 |
| 7:15 ~ | 귀가 | 차량 운행 |

## 당일 운영의 일정

| 시 간 | 일 정 | 비 고 |
|---|---|---|
| ~ 17:00 | 교회 도착 | 등록 |
| 17:00 ~ 17:50 | O.T. | 간단한 Ice Break, O.T. |
| 17:50 ~ 18:30 | 저녁 장보기 | 조별로 저녁 식사 재료를 직접 구입. |
| 18:30 ~ 19:30 | 저녁 식사 | 구입한 재료를 직접 손질하고, 저녁 식사를 함께 조리 |
| 19:30 ~ 21:00 | 물놀이 | 전교인이 함께 즐길 수 있도록 유도 |
| 21:00 ~ 21:30 | 간식 시간 | |
| 21:30 ~ | 뒷정리 및 귀가 | |

# 세부 일정

★ **등록** ~ 17:00

파자마 토크에 참여하는 사람은 시작하기 전에 등록해야 한다. 등록비는 장년부가 만 원이고 그 외는 모두 오천 원으로 하고 있다. 참가자에게 등록비를 받아 파자마 토크의 경비로 사용한다. 때문에 파자마 토크는 교회의 재정에서 지원받지 않는다.

등록할 때 참여자 모두에게 명찰을 준다. 파자마 토크는 모든 부서가 함께하기 때문에 서로 모르는 경우가 많다. 따라서 미리 서로의 이름을 알려 소통하기 위함이다. 이를 위해서 사전에 예상 명단을 확보해 명찰을 만들어 놓는 것이 좋다.

★ **O.T.** 17:00 ~ 17:50

모든 일이 그렇듯 처음 시작은 항상 중요하다. 모든 부서 간의 유대감 형성을 위해서 파자마 토크의 첫 순서는 O.T.와 함께 Ice-Break 시간을 갖는다. 이 시간을 통하여 참여자들의 긴장을 풀어 주고, 조별 게임 등을 통하여 서로 간의 어색함도 풀어 준다. 순서는 개인이 하는 게임에서 많은 인원이 참여하는 게임으로 진행한다. 첫 시작은 거부감이 없는 율동으로 진행하는 것도 좋다. 모든 게임이 그렇지만 율동의 핵심은 스킨십에 있다. 서로 간에 터치가 있을 때 참여자들은 유대감을 느끼고, 서로에 대하여 긴장을 풀고 마음을 열게 된다.

Ice-Break의 또 하나 핵심은 조를 나누는 것에 있다. 파자마 토크의 참여 인원은 보통 50명~80명이다. 이렇게 많은 인원을 몇 사람이 통솔하기란 쉬운 일이 아니다. 때문에 조를 편성하여 진행을 원활하게 하고, 약간의 경쟁을 통해 좀 더 적극적으로 활동할 수 있도록 돕는다. 조편성을 사전에 해두는 것이 좋고, 때로는 현장에서 게임을 통해 하는 경우도 있다. 몇 가지 단체 게임을 소개하겠다.

# 둥글게둥글게

현장에서 조편성할 때 안성맞춤인 둥글게둥글게.
음악을 준비하면 흥을 돋을 수 있다.

조편성하기에 가장 보편적인 게임. 모든 인원이 손을 잡고 원을 만든 후 음악에 맞추어 돌다
가 사회자의 조건에 맞추어 조원을 구성한다. 예를 들어, "남자 3 여자 3"이라든지 "장년부
5 다른 부서 5"이라든지 조원을 구성하기 위한 상황에 맞추어 조건을 제시한다. 하지만 이
게임으로 조원을 정확하게 나눌 수는 없다. 80%정도는 이 게임으로 나눈 후 몇 명의 이동은
상황에 맞게 결정한다.

둥글게둥글게

# 뛰어라

파자마 토크는 아동부에서 장년부에 이르기까지 모든 연령대가 참여한다. 그렇기 때문에
쉬운 게임으로 활발하고 신나게 진행될 수 있다. 이 게임은 조원이 모두 일어나 함께 원을
만들고 사회자의 조건에 따라서 움직이는 것이다. 예를 들어, "가장 빨리 도는 원을 찾습니
다", "가장 높이 뛰는 원을 찾습니다", "가장 크게 소리 지르는 원을 찾습니다" 등등 쉽게 이
해하고 따라할 수 있는 조건을 말해 주는 것이 중요하다.

# 다리 수를 맞춰요

간단한 게임이다. 모든 조원은 일어서서 다리를 사회자가 호명하는 숫자만큼만 땅에 닿게
한다. 숫자를 맞추기 위해서 한 발로 서기도 하고, 발을 다른 팀원의 발 위에 올려놓기도 하
고, 때로는 업기도 한다. 단, 발 외에 다른 신체 부위가 벽이나 땅에 닿지 않아야 한다.

다리 수를 맞춰요

# 이미지 게임

몸으로 부대끼며 친해지는 시간. 요즘도 이러고 놀 수 있다.

사회자가 호명하는 단어의 이미지를 조원들과 함께 몸으로 표현하는 게임. 예를 들어, 비행
기, 배, 꽃, 교회, 사랑, 용기 등 다양한 단어를 조원과 함께 표현한다. 조원이 상의할 수 있는
시간을 주는 것이 좋은데, 그동안 음악을 준비하여 틀어 준다면 좀 더 활기차게 진행할 수
있다.

이미지 게임

★ **저녁 장보기** 17:50 ~ 18:30

O.T. 시간이 지나면 저녁 식사를 위해 장을 본다. 파자마 토크의 핵심은 "함께 어울리기"이다. 저녁 식사 역시도 어울림의 시간이다. 그중 장보기는 아동부와 중고등부의 몫이다. 청년부 인솔 아래 주변의 대형 마트나 시장으로 장을 보러 간다. 이를 위하여 간단히 준비할 수 있는 메뉴로 사전에 결정해 놓는다. 품목을 미리 적어 두고, 금액도 맞추어 준비한다면 시간을 최소화할 수 있다. 이때 드는 비용은 모두 등록비로 충당한다.

미리 준비한 리스트가 있다면 장보기가 훨씬 수월하다. 장보기는 아동부, 중고등부의 몫이다.

★ **저녁 식사** 18:30 ~ 19:30

아이들이 도착하면 바로 저녁 식사 준비를 시작한다. 물론 밥 짓기, 화로에 고기 굽기 등 위험한 작업은 장년부가 맡는다. 하지만 계란찜에 들어갈 달걀을 풀거나, 유부초밥을 만들거나, 어묵을 자르고 볶는 것 등등 아이들이 할 수 있는 것들을 제공하여 저녁 식사를 함께 준비하도록 한다. 이런 과정 중 아이들의 안전을 위해 어른이 지켜보아야 하는 부분도 있으며, 이 역시도 어울림의 일부이다. 다만 시간 조절을 잘해야 한다. 조리 시간을

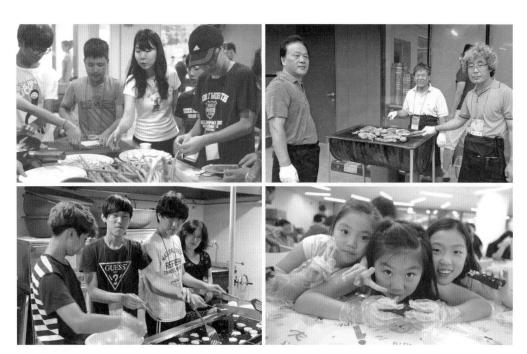
함께 먹는 것도, 함께 만드는 것도 모두 어울림이다.

줄이기 위해서 일부 음식은 사전에 준비해 놓는 것도 좋다. 메뉴는 조리가 간단한 음식으로 정하는 것이 좋다. 김치볶음밥, 유부초밥, 떡볶이, 계란말이, 어묵볶음 등 간단한 음식은 찾으면 얼마든지 있다.

**물놀이** 19:30 ~ 21:00

식사를 마치면 함께 즐길 수 있는 시간을 마련한다. 언제나 물이 있는 곳에는 즐거움이 있고, 불이 있는 곳에는 사람이 모이게 마련이다. 우리 교회의 경우 교회 마당에서 물놀이를 하고 있다. 물놀이 시간에 특별히 거창한 프로그램을 하지는 않는다.

그런데 물놀이를 통해 어울림을 이어갈 수 있도록 준비하는 것은 필요하다. "장로님과 아동부 간의 물싸움"이라든지, "여집사님을 대상으로 하는 수중농구"라든지 간단하지만 함께 어울릴 수 있는 시간을 준비한다. 혹시 추위를 느낄 수 있는 영아부, 유치부 아이들을 위해 작은 풀장 하나는 따뜻한 물로 채워 놓는 것도 좋다. 물총을 준비해 놓는 것도 좋겠다.

만약 교회 사정상 간이용 풀장을 준비할 수 없다면 다른 놀이를 준비해도 된다. 우리 교회도 볼링으로 시작했다. 그 후에는 게임을 하기도 했다. 함께 어울리고 즐길 수 있다면 어떤 것이라도 좋다는 뜻이다.

### ★ 간식 시간 21:00 ~ 21:30

물놀이는 2시간 정도 계속한다. 저녁 시간이고 장시간 물속에 있었기 때문에 대부분이 추위를 느끼기 시작한다. 상황에 맞는 간식을 준비하는 것이 좋은데, 예를 들면 꼬치어묵, 옥수수, 감자 같은 따뜻한 음식이다. 간단한 과일을 함께 준비하는 것도 좋다.

### ★ 뒷정리 및 귀가 21:30 ~

간식 시간을 마치면 뒷정리를 하고 귀가한다. 교회에 샤워 시설이 있다면 샤워까지 할 수 있도록 한다. 단, 그러려면 사전 준비물에 여벌의 옷과 속옷을 추가하기 바란다.

물놀이는 모두가 좋아하는 놀이. 어울림을 유도하도록 간단한 게임을 준비하자.

## 행사 이후

사전에 기대감을 주는 것이 중요한 만큼 사후에 여운을 남기는 것도 중요하다. 파자마 토크의 모든 일정을 촬영하여 간단한 영상으로 제작한 뒤 그주 주일 예배의 광고 시간에 보여 준다면 그때의 기쁨은 좀 더 오래 갈 수있을 것이다.

또한 가능하다면 파자마 토크 때의 조가 다시 함께할 시간을 준비하는것도 좋다. 우리 교회의 경우 올해 처음으로 시도해 보았는데, 교회 청소나 예배 시간 특송 혹은 간단한 소풍 등이 그것이다. 분명 모두에게 즐거운 추억을 더욱 심어 줄 것이다.

주님 안에서 교회 성도 간에 즐거운 추억을 갖는다는 것은 상당히 큰의미가 있다.

여러 번 언급했지만 파자마 토크의 핵심은 어울림이다. 어울림을 위해서 다양한 시도를 하기 바란다. 우리 교회의 파자마 토크 역시 한 번에만들어진 행사가 아니다. 여러 번의 시도를 거듭하면서 보완되고, 교회 상황에 맞추어지고, 최적화되었다. 각 교회 또한 교회의 방식과 형편에 딱 맞는 프로그램을 운영해 본다면 분명 공동체가 하나되는 열매를 볼 수 있을 것이라 기대한다.

파자마 토크 조직도

|  | 필요 인원 | 담당자 | 역 할 | 비 고 |
|---|---|---|---|---|
| 총괄 | 담당 교역자 1명 | 민경률 목사님 | 진행 총괄 확인 |  |
| 순서담당 | 담당자 1명 | 배상환 간사 | 프로그램 진행 | 레크리에이션, 물놀이 등 |
| 회계 | 청년부 2명 | 이슬기, 허수정 청년 | 등록비 접수와 관리 | 등록비 접수 및 저녁 식사 준비비 배부 |
| 조장 | 청년부 4~6명 | 청년부 리더 | 프로그램 진행시 인원 관리 | 각 조의 리더 역할 |
| 스탭 | 청년부 6~10명 | 청년부 도우미 | 프로그램 진행 도우미 | 명찰 준비 및 사진 촬영 |

Sample 결산 내역(예시)

| 수 입 |  |  | 지 출 |  |  |
|---|---|---|---|---|---|
| 등록비 | 아동부, 중고등부  5,000 X 20 | 100,000 | 식비 | 쌀, 반찬 재료 | 250,000 |
|  | 대학생, 장년부  10,000 X 40 | 400,000 | 선물 | 문화상품권 | 30,000 |
|  |  |  | 간식비 | 아이스크림  700 X 60 | 42,000 |
|  |  |  |  | 과일(수박) 25,000 X 4 | 100,000 |
|  |  |  | 예비비 |  | 78,000 |
| 합 계 |  | 500,000 | 합 계 |  | 500,000 |

**예산을 결정할 때 유의할 사항**

1. 물놀이에 필요한 풀장은 교회 재정으로 구입한다.

2. 별도의 간식(고구마 등), 반찬(고기 등)을 지원받을 수 있다.

3. 반찬 재료 예시
   – 어묵볶음, 오징어채 무침, 계란말이, 김 등

독서 마라톤
소개영상 바로가기

# 독서 마라톤

## The Power of One Person

| 행사 개요 | 교회 아이들이 방학 동안 교회에 나와서 공부하고 책을 읽는다. |
|---|---|
| | 마라톤의 42.195Km를 목표로 1페이지를 1m로 계산해서 책을 읽는다. |
| 행사 목적 | 1. 엄마에게 가장 두려운 방학! 교회에서 아이들을 맡아 준다. |
| | 2. 독서의 필요성은 아무리 강조해도 지나치지 않다. 아이들에게 독서 습관을 길러 주며, |
| | 문화 활동을 통해 새로운 세상을 경험하게 한다. |

아이들이 방학을 시작하면 부모는 걱정부터 한다. 아이들의 시간을 효과적으로 활용할 방안이 딱히 없기 때문이다. 부모가 시간을 잘 관리해 주지 못하면 아이들은 TV시청이나 스마트 폰 게임에 빠져 살 것이다. 이런 고민은 맞벌이 가정이든 아니든 마찬가지다.

그래서 방학이면 아이들과 부모 사이의 갈등이 더 깊어지기 십상이다. 아무래도 같이 있으니 부모는 잔소리가 늘기 마련이고, 아이들은 한껏 게으름을 부리기 때문이다.

교회에서 아이들이 방학동안 집중할 수 있는 프로그램을 준비했다. 부모의 염려와 맞벌이 가정의 고민을 교회가 함께 나누기 위해서다. 아이들에게 즐거움과 유익함을 함께 줄 수 있는 프로그램, 다음세대를 건강하게 키우기 위한 프로젝트, 바로 독서 마라톤이다.

아이들에게 책 읽는 기회를 주는 훈련은 두말할 것 없이 중요한 일이다. 독서 마라톤은 부족한 평소 공부를 하고 책도 많이 읽을 수 있는 프로그램이다. 독서 마라톤 기간에는 평소에는 엄두도 내지 못할 정도의 책을 읽게 될 것이다. 그리고 아이들을 위해 추억에 남을 만한 외부 활동도 계획했다.

# 운영 방법

## ★ 안내문 발송

아이들의 참가를 독려하기 위해 방학 전에 미리 가정으로 안내문을 보내서 방학 동안의 계획을 세울 수 있도록 한다.

## ★ 필독서 선정

아이들이 많은 양의 책을 읽는 것도 중요하지만 어떤 책을 읽느냐도 중요하다. 권장 필독서만큼은 꼭 읽게 하여 독서 마라톤 기간 동안 독서력도 향상 시키고 좋은 책도 놓치지 않도록 한다.

**Sample** 학년별 도서 목록

| 1학년 | 2학년 | 3학년 |
|---|---|---|
| 1 고릴라 (앤서니 브라운) | 1 손 큰 할머니의 만두 만들기 (채인선) | 1 냄비와 국자 전쟁 (미하엘 엔데) |
| 2 야광귀신 (이춘희) | 2 꿈꾸는 칭찬나무 (류근원) | 2 행복한 청소부 (모니카 페트) |
| 3 초코파이 자전거 (신현림) | 3 신통방통 우리 놀이 (송윤섭) | 3 멋진 여우씨 (로알드 달) |
| 4 강아지 똥 (권정생) | 4 아홉 살 독서왕 (서지원) | 4 레몬으로 돈 버는 법 (루이스 암스트롱) |
| 5 왕치와 소새와 개미 (채만식) | 5 시골쥐와 감자튀김 (고서원) | 5 화요일의 두꺼비 (러셀 에릭슨) |
| 6 생각을 모으는 사람 (모니카 페트) | 6 내 이름은 독도 (이규희) | 6 만희네 집 (권윤덕) |
| 7 책 먹는 여우 (프란치스카 비어만) | 7 지각대장 존 (존 버닝햄) | 7 까마귀 소년 (야시마 타로) |
| 8 단추스프 (오브리 데이비스) | 8 막막골 훈장님의 한글 정복기 (김은의) | 8 발레하는 할아버지 (신원미) |
| 9 짧은 귀 토끼 (다원시) | 9 수박씨 (최명란) | 9 한국의 김치 이야기 (이영란) |
| 10 입이 똥꼬에게 (박경효) | 10 열 두 띠 이야기 (정하섭) | 10 스티커 전쟁 (최행미) |
| **4학년** | **5학년** | **6학년** |
| 1 마법의 설탕 두 조각 (미하엘 엔데) | 1 마당을 나온 암탉 (황선미) | 1 나의 라임 오렌지나무 (바스콘셀로스) |
| 2 갈매기의 꿈 (리처드 바크) | 2 라이벌은 내 베스트 프렌드 (김학민) | 2 괭이 부리말 아이들 (김중미) |
| 3 존 아저씨의 꿈의 목록 (존 고다드) | 3 12개의 황금열쇠 (김용세) | 3 나쁜 초콜릿 (샐리 그린들리) |
| 4 걱정을 걸어두는 나무 (마리안느 머스그로브) | 4 수일이와 수일이 (김우경) | 4 몽실 언니 (권정생) |
| 5 까만달걀 (황복실 외) | 5 별똥별 아줌마가 들려주는 우주 이야기 (이지유) | 5 책과 노니는 집 (이영서) |
| 6 살아난다면 살아난다 (최은영) | 6 조커 (수지 모건스턴) | 6 한국을 빛낸 우리문화 BEST 10 (우리누리) |
| 7 만년샤쓰 (방정환) | 7 세계를 바꾸는 착한 똥 이야기 (박소명) | 7 피타고라스 구출작전 (김성수) |
| 8 오랑우탄 인간의 최후 (강효미) | 8 말하는 까만돌 (김혜연) | 8 수학대소동 (코라 리) |
| 9 옛날처럼 살아 봤어요 (조은) | 9 연어 (안도현) | 9 지구마을 어린이 리포트 (김현숙) |
| 10 좋은 책 나쁜 책 이상한 책 이야기 (정설아) | 10 하지 이야기 (신도 가네토) | 10 미로게임 (김성수) |

※ 독서마라톤 일정 중 자기 학년별 도서 목록에서 책 3권 이상을 선택해서 의무적으로 읽도록 합니다.
※ 책은 교회에 비치되어 있지 않습니다. 도서관에서 대여하거나, 구입해서 준비하시기 바랍니다.

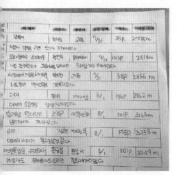
독서기록카드를 작성하여 의욕을 북돋는다

### ★ 독서기록카드 작성하기

본인이 읽은 책의 한 페이지를 1미터로 계산하여 독서 마라톤이
끝나는 날까지 매일 기록하게 한다.

### ★ 시상

독서 마라톤 기간 동안 출석 상황과 독서량을 종합하며 시상한다.
끈기 있게 책을 읽어 목표를 달성하라고 동기를 부여하기 위해서
이며, 도서상품권으로 시상하였다.

### ★ 회비

아이들의 점심 식사와 간식 그리고 외부 활동비로 사용하기 위해
회비를 1주일에 만 원씩 받았다.

### ★ 독서 마라톤 하루 일과

**Sample** 독서 마라톤 하루 일정 ※ 목사님과의 번개 모임은 별도 운영

| 시간 | 소요시간 | 계획 |
|---|---|---|
| 10:00 ~ 10:30 | 30분 | 성경 1장 읽기 (읽은 장에서 1절씩 외우기) |
| 10:30 ~ 11:10 | 40분 | 오전 공부 및 독서 |
| 11:10 ~ 11:20 | 10분 | 휴 식 |
| 11:20 ~ 12:00 | 40분 | 오전 공부 및 독서 |
| 12:00 ~ 13:00 | 60분 | 점심 시간 |
| 13:00 ~ 13:50 | 50분 | 독 서 |
| 13:50 ~ 14:00 | 10분 | 휴 식 |
| 14:00 ~ 14:40 | 40분 | 독 서 |
| 14:40 ~ 15:00 | 20분 | 간 식 |
| 15:00 ~ 15:50 | 50분 | 독 서 |
| 15:50 ~ 16:00 | 10분 | 휴 식 |
| 16:00 ~ 16:50 | 50분 | 독 서 |
| 16:50 ~ 17:00 | 10분 | 정 리 |
| 17:00 ~ | | 귀 가 |

**TIP**

- 독서 마라톤 기간 동안 아이들이 교회에 오면 먼저 잠언을 한 장 읽고 본인의 마음에 와 닿아 은혜가 되는 좋은 말씀을 기록하는 것으로 출발한다.
- 성경 읽기가 마무리 되면 책을 읽어도 되지만 오전에는 주로 학과 공부를 한다. 각자 하고 싶은 공부를 해도 되고 방학 숙제나 문제집을 풀어도 된다. 이 시간은 현직 교사나 공부방을 운영하는 교회 성도가 돌아가며 봉사해 주었다.
- 점심을 먹고 난 오후부터 본격적으로 독서하는 시간이다. 아이들이 충분히 집중해서 책만 읽을 수 있도록 분위기를 만들고 방학 숙제도 할 겸 독서록을 쓰도록 지도했다.

## 책 준비

### ★ 이동 도서관 차량 이용

우선 지자체에서 운영하는 이동 도서관을 이용하여 책을 준비해 놓았다. 부천시의 경우 이동 도서관이 일주일에 한 번씩 방문한다. 독서 마라톤 행사에 대해 미리 말씀드리고 부탁했더니 감사하게도 60여 권의 책을 미리 대출해 주었다.

### ★ 성도 협찬

교회 성도들의 집에 있는 책을 선별하여 아이들이 읽을 수 있도록 많은 양의 책을 협찬받았다.

### ★ 개인 준비

위의 방법을 이용해 책을 준비했지만 많은 아이가 다양하게 읽을 수 있기에는 부족하기에 개인적으로 책을 가지고 와서 읽게 했다. 본인이 가지고 온 책을 다 읽으면 다른 친구와 서로 돌려 보게 했더니 기대했던 것보다 다양하게 많은 책이 준비되었다.

# 식당 봉사

독서 마라톤을 진행하는데 있어서 책 준비도 중요하지만 식당 봉사자의 역할이 매우 중요하다. 그야말로 보이지 않는 곳에서 독서 마라톤을 위해 애쓰신 숨은 일꾼은 바로 권사회·여집사회·각교구와 각부서 교사·독서 마라톤 참여한 엄마들이었다. 이들은 날짜를 정해서 식당 봉사를 해주었고 그날의 메뉴와 식사 비용까지 감당해 주었다.

**Sample** 독서 마라톤 식단표

| | | 화 (28) | 수 (29) | 목 (30) | 금 (31) |
|---|---|---|---|---|---|
| **1주차** | 요일 | | | | |
| | 담당 | 여집사회 | 여성2교구 | 영아부 | 여성1교구 |
| | 점심 | 불고기 | 오므라이스 | 비빔밥 | 잡채밥 |
| **2주차** | 요일 | 화 (4) | 수 (5) | 목 (6) | 금 (7) |
| | 담당 | 유치부 | 사랑부 | 어머니들 | 중고등부 |
| | 점심 | 함박스테이크 | 제육볶음 | 부대찌게 | 오무라이스 |
| **3주차** | 요일 | 화 (11) | 수 (12) | 목 (13) | 금 (14) |
| | 담당 | 권사회 | 여성3교구 | 여성4교구 | 아동부 |
| | 점심 | 돈가스 | 참치김치볶음밥 | 토마토스파게티 | 삼겹살 |

부서별로 메뉴를 선정할 경우 비슷한 메뉴가 자주 나올 수 있어 사전에 메뉴를 정하여 각 부서 담당에게 부탁하였다.

점심 시간

# 독서지도 봉사

아이들이 떠들지 않고 정숙한 가운데 독서에 집중할 수 있도록 돕는 분들이다. 아동부 교사와 교역자, 독서 마라톤에 참여한 아이들 엄마와 교회 성도들이 봉사해 주었다.

**감독관**

| 요일 | 화 | 수 | 목 | 금 |
|------|------|------|------|------|
| 날짜 | 28/4/11 | 29/5/12 | 30/6/13 | 31/7/14 |
| 담당 | 김지은 | 조연숙 | 양소영 | 이성숙 |

**공부지도**

| 요일 | 화 | 수 | 목 | 금 |
|------|------|------|------|------|
| 날짜 | 28/4/11 | 29/5/12 | 30/6/13 | 31/7/14 |
| 담당 | 김현임 | 배상환 | 임선미 | 이경미 |

# 외부 활동

★ **도서관 모임**

도서관 번개 모임은 교회에서만 책을 읽는 아이들에게 책 읽는 분위기를 좀 바꿔 주고 다양한 책을 읽게 하기 위해서 마련되었다. 관내 도서관으로 장소를 옮겨 거기에서 책을 읽으며 하루를 보내는 것이다. 도서관 번개 모임은 가급적 식당이 있는 관내 도서관을 이용해서 식사와 간식을 그곳에서 해결했다.

★ **번개 모임**

독서 마라톤이 진행되는 동안 우리는 북촌 한옥마을과 서울 교보문고, 예술의전당 한가람미술관(가우디전 관람), 파주 출판단지 등을 방문했다. 간송박물관 관람, 닥종이 체험, 차이나타운 방문, 로고스 배 견학, 얼음 썰매

**1** 다양한 책을 보고 읽기 위한 도서관 견학
**2** 북촌 마을 걷기
**3** 가우디전 관람
**4** 교보문고 구경하고 책 사기

장 체험, 헤이리 북하우스 방문, 영화 관람 등의 외부 활동도 했다.

목사님이 함께해 주시는 번개 모임은 당일까지 아이들에게 비밀로 한다. 갑자기 외부로 나가 바깥 구경을 하고 맛있는 것도 사 먹기 때문에 아이들이 가장 좋아하는 외부 활동이다.

아이들과 가졌던 몇 번의 외부 활동은 직접 눈으로 보고 경험할 수 있는 체험 교육이었다. 또한 아이들에게 친구, 목사님과 함께한 좋은 추억을 만들어 주었다.

## 특별 활동

독서 마라톤 기간 동안 오후에는 기타 배우는 시간이 있었다. 기타를 만지고 소리 내는 것을 경험할 기회가 되었는데, 아이들에게 반응이 좋았다.

## 마치면서

독서 마라톤은 아이들을 위한 행사처럼 보일지 모르지만 사실은 교회 전체의 행사다. 보이지 않는 곳에서 수고하는 교회 어른들이 있기에 가능한 행사이기 때문이다. 그래서 독서 마라톤이 한창 진행되는 기간에는 평일임에도 불구하고 교회가 북적인다. 독서 마라톤에 참여한 아이들과 식사와 간식, 독서 지도를 위해 봉사하시는 성도들로 교회가 가득 차기 때문이다. 교회 전체가 어린 아이들을 위해 참으로 많은 사랑을 나눠 준다.

우리 아이들은 독서 마라톤이라는 행사를 통해 잠시나마 스마트폰을 놓고 책 읽는 시간을 통해 독서의 재미와 보람을 느낀다. 아이들이 가정에 돌아가서도 책을 붙잡고 있는 시간이 길어졌다는 부모님의 반응을 보면 분명 감사할 일이다. 교회의 작은 관심이 우리 아이들의 생각과 습관의 변화를 가져오는 긍정적인 역할을 하고 있다는 사실에 감사하고, 독서 마라톤 때문에 방학이 기다려지는 아이들이 더 많아지기를 기대해 본다.

**여름 독서 마라톤**

| 수입 | | | 지출 | |
|---|---|---|---|---|
| 회비 | 30,000×18 | 540,000 | 간식(아이스크림 7/30) | 23,000 |
| | 20,000×19 | 380,000 | 부채 MVP | 20,000 |
| | 10,000×24 | 240,000 | 번개 모임 | 1,824,500 |
| 이월 | 겨울 독서 마라톤 | 29,370 | | |
| 간식 찬조 | 김미경 집사님(7/31) | 아이스크림 | | |
| | 김기남 집사님(8/4) | 아이스크림 | | |
| | 어머님들(8/6) | 과자 | | |
| | 신애순 선생님(8/7) | 콜팝 | | |
| | 심미경 선생님 | 50,000 | | |
| | 박혜진 선생님 | 30,000 | | |
| | 허성구 장로님 | 100,000 | | |
| | 안인옥 집사님(8/12) | 핫도그 | | |
| | 장로님(8/12) | 복숭아 | | |
| | 권사회 찬조 | 100,000 | | |
| | 목사님(8/13) | 아이스 망고 | | |
| 번개 회비 | 10,000×60 | 600,000 | | |
| | | | | |
| 합 계 | | 2,069,370 | 합 계 | 1,867,500 |
| | | | 잔 액 | 201,870 |

**번개 모임**

| 지출 | |
|---|---|
| 조별 7×6만 | 420,000 |
| 조별 1×7만 | 70,000 |
| 가우디전 | 652,000 |
| 주차장 | 12,000 |
| 간송문화전 | 316,000 |
| 경복궁주차장 | 2,500 |
| 햄버거 | 272,000 |
| 목사님 | 80,000 |
| | |
| 합 계 | 1,824,500 |

꿈을 먹고 살지요
소개영상 바로가기

# 꿈을 먹고
# 살지요

## The Power of One Person

"꿈을 먹고 살지요"는 지역의 가난한 어린이들이 어린이날을 꿈꿀 수 있도록 하기 위한 행사다. 어린이날에 놀러가지 못하는 지역의 어린이와 가정을 위해 기획되었다. 2001년 부천 중동에 있는 중앙공원에서 시작하여 매년 질적, 양적 성장을 하며 발전하고 있다. 지역의 다른 교회와 연합하여 행사를 치르기도 하고, 지역에 있는 기업의 후원도 받아 명실공히 지역 사회의 큰 잔치가 되고 있다. 참여 인원도 꾸준히 늘어 2015년도에는 35,000여 명이 참석한 것으로 추정된다.

긴 호흡을 가지고 준비에 임하면 좋겠다. 교회에서 해보기로 마음을 먹었다면 현재 "꿈을 먹고 살지요"를 진행하는 교회의 프로그램에 직접 참여하여 배우는 것이 좋다. 부천 성만교회, 서울 명성교회, 예수마을교회, 원천교회, 성안교회 등 모두 10여 개 교회에서 진행하고 있다. 기획팀을 꾸려 직접 참여해 보면 무엇을 어떻게 준비하는지 구체적으로 배울 수 있으며, 본인 교회에서 할 수 있는 것과 하기 힘든 것을 파악할 수 있다.

어린이들이 직접 참가하며 놀고 배우는 부스를 운영하는데, 2015년에는 총 8개 마당(미술 놀이마당, 신나는 놀이마당, 탐구마당, 지능마당, 가족마당, 참여마당, 추억 먹거리마당, 영어마당) 35개의 부스를 운영하였다. 마당의 특성을 살려 부스를 운영한다. 예를 들어 가족마당(가족사진 찍기, 가훈 쓰기 부스)은 가족 전체가 함께 참여할 수 있는 추억을 만들어 준다.

## 마스터 플랜 세우기

2015년에는 "꿈을 먹고 살지요"의 전체적인 플랜과 디자인 가이드라인을 세워 준비하면서 일관성을 잃지 않도록 기준을 세웠다.

**1**

꿈을먹고살지요를 지속 가능한 축제로 성장하기 위한 연구 및
2015년 디자인 컨셉

**2**

*
이야기를 담은 컨텐츠 개발

**3**

[지속가능한 꿈을먹고살지요의 컨텐츠 개발 방향]

주제 → 컨텐츠 ▶

컨텐츠 / 주제 / 컨텐츠
컨텐츠

주제를 정하고 컨텐츠 개발과 표현 방법을 찾는다

컨텐츠 중심에 주제가 있어 컨텐츠를
통해 메시지(주제)를 전달한다.

**4**

*
꿈을먹고살지요는
놀이와 즐거움 이상의, 함께 공유 할 수 있는
메시지를 주제에 담아 가치있는 행사로 성장하길 원합니다.

▼

2015년은 어린이의 인성에 대해서 얘기하고자 합니다.

**5**

*
"2015년, 14회 꿈먹 주제"

안녕하세요?
고맙습니다!

**6**

안녕하세요?

다른사람의 안부를 물을 수 있는 배려의 마음.

고맙습니다!

고마운 사람에게 감사 할 수 있는 마음.

**7**

안 외 맘

안녕이 와 고맙이

**8**

9

10

*
주제가 정해진 만큼
주제(메시지)가 전체 행사와 각 부스에 잘 녹아들어야 합니다.
▼

예)
각 부스에 참여하는 어린이들과 프로그램을 진행하기 전
팀장(부스운영자)이 어린이에게 "안녕하세요? 고맙습니다" 라고 외칩니다.
그러면 어린이들도 독같이 "안녕하세요? 고맙습니다" 외치고 프로그램을 진행합니다.

기타 그 외에 캐릭터를 활용한 그림그리기, 또는 각 부스에서 "배려와 감사" 의 메시지를
함께 나눌 수 있도록 적용하면 좋을 것 같습니다.

문의) wide awake 김병훈 전사 : 010-0000-0000

## ★ 조직표 만들기

〈제14회 "꿈을 먹고 살지요" 준비 조직표〉

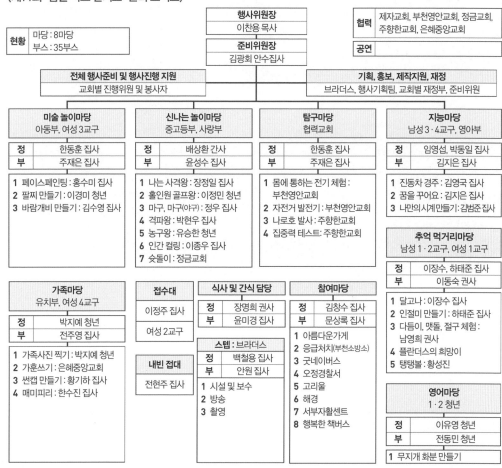

| 행사위원장 |
|---|
| 이찬용 목사 |
| **준비위원장** |
| 김광회 안수집사 |

| 협력 | 제자교회, 부천영안교회, 정금교회, 주향한교회, 은혜중앙교회 |
|---|---|
| 공연 | |

| 현황 | 마당 : 8마당 |
|---|---|
| | 부스 : 35부스 |

| 전체 행사준비 및 행사진행 지원 |
|---|
| 교회별 진행위원 및 봉사자 |

| 기획, 홍보, 제작지원, 재정 |
|---|
| 브라더스, 행사기획팀, 교회별 재정부, 준비위원 |

### 미술 놀이마당
아동부, 여성 3교구

| 정 | 한동훈 집사 |
|---|---|
| 부 | 주재은 집사 |

| 1 | 페이스페인팅 : 홍수미 집사 |
|---|---|
| 2 | 팔찌 만들기 : 이경미 청년 |
| 3 | 바람개비 만들기 : 김수영 집사 |

### 신나는 놀이마당
중고등부, 사랑부

| 정 | 배상환 간사 |
|---|---|
| 부 | 윤성수 집사 |

| 1 | 나는 사격왕 : 장정일 집사 |
|---|---|
| 2 | 홀인원 골프왕 : 이정민 청년 |
| 3 | 마구, 마구(야구) : 정우 집사 |
| 4 | 격파왕 : 박현우 집사 |
| 5 | 농구왕 : 유승한 청년 |
| 6 | 인간 컬링 : 이종우 집사 |
| 7 | 숯돌이 : 정금교회 |

### 탐구마당
협력교회

| 정 | 한동훈 집사 |
|---|---|
| 부 | 주재은 집사 |

| 1 | 몸에 통하는 전기 체험 : 부천영안교회 |
|---|---|
| 2 | 자전거 발전기 : 부천영안교회 |
| 3 | 나로호 발사 : 주향한교회 |
| 4 | 집중력 테스트 : 주향한교회 |

### 지능마당
남성 3·4교구, 영아부

| 정 | 임영섭, 박동일 집사 |
|---|---|
| 부 | 김지은 집사 |

| 1 | 진동차 경주 : 김영국 집사 |
|---|---|
| 2 | 꿈을 꾸어요 : 김지은 집사 |
| 3 | 나만의시계만들기:김범준 집사 |

### 추억 먹거리마당
남성 1·2교구, 여성 1교구

| 정 | 이장수, 하태준 집사 |
|---|---|
| 부 | 이동숙 권사 |

| 1 | 달고나 : 이장수 집사 |
|---|---|
| 2 | 인절미 만들기 : 하태준 집사 |
| 3 | 다듬이, 맷돌, 절구 체험 : 남영희 권사 |
| 4 | 플란더스의 희망이 |
| 5 | 탱탱볼 : 황성진 |

### 가족마당
유치부, 여성 4교구

| 정 | 박지예 청년 |
|---|---|
| 부 | 전주영 청년 |

| 1 | 가족사진 찍기 : 박지예 청년 |
|---|---|
| 2 | 가훈쓰기 : 은혜중앙교회 |
| 3 | 썬캡 만들기 : 황기하 집사 |
| 4 | 매미피리 : 한수진 집사 |

### 접수대

| 이정주 집사 |
|---|
| 여성 2교구 |

### 내빈 접대

| 전현주 집사 |
|---|

### 식사 및 간식 담당

| 정 | 장명희 권사 |
|---|---|
| 부 | 윤미경 집사 |

#### 스텝 : 브라더스

| 정 | 백철용 집사 |
|---|---|
| 부 | 안원 집사 |

| 1 | 시설 및 보수 |
|---|---|
| 2 | 방송 |
| 3 | 촬영 |

### 참여마당

| 정 | 김창수 집사 |
|---|---|
| 부 | 문상록 집사 |

| 1 | 아름다운가게 |
|---|---|
| 2 | 응급처치(부천소방소) |
| 3 | 굿네이버스 |
| 4 | 오정경찰서 |
| 5 | 고리울 |
| 6 | 해경 |
| 7 | 서부자활센트 |
| 8 | 행복한 책버스 |

### 영어마당
1·2 청년

| 정 | 이유영 청년 |
|---|---|
| 부 | 전동민 청년 |

| 1 | 무지개 화분 만들기 |
|---|---|

프로그램의 전체 그림을 보면서 준비할 수 있도록 준비 일정표를 만들어 2달 전부터 시행했다.

**기획 부문  홍보 부문  지원 부문  진행 부문**

| 항목 \ 일정 | 1차<br>3/1~3/14 | 2차<br>3/15~3/28 | 3차<br>3/29~4/4 | 4차<br>4/5~4/11 | 5차<br>4/12~4/18 | 6차<br>4/19~5/3 | 7차<br>5/2~행사일 | 비고 |
|---|---|---|---|---|---|---|---|---|
| 준비 모임 | 1차 모임 | | 2차 모임 | | 3차 모임 | 오리엔테이션 | 수시 | 교회간 협의 결정 |
| 마당별 계획서 제출 | 부스별 운영 계획 논의<br>(교회별 준비) | | 인원 파악<br>(단체복) | 운영 계획서<br>제출 | 부스 진행<br>리허설 | 기자재 준비<br>완료 | | 예산안 수립 |
| 부스별 기자재 제작 | | | 제작 의뢰 | 제작 및 부스 기자재 확인 | | | | 교회간 협력 |
| 관공서, 기업체 선정 | 협조 공문 발송 | 1차 섭외 | 2차 섭외 | 업체선정 | | | | |
| 홍보물 제작 | 홍보물 제작 | 홍보물 배포 | | 부스 홍보물<br>제작 | 행사일<br>브로슈어 제작 | | | |
| 현수막 부착 및 광고 | | 교회 부착용 대형 현수막 게시, 버스광고 시행 | | | | | | 행사 당일 재사용 |
| 엽서 및 포스터 홍보 | | 교회별 배포 및 게시 | | 교회별 학교 앞 홍보 진행(홍보학교 선정, 공유) | | | | 부천 지역 |
| DM발송<br>(엽서, 문자) | | | 1차<br>DM발송(문자) | 2차<br>DM발송(엽서) | | 3차<br>DM발송(문자) | | 전년 참석자 대상 |
| 진행 점검 | 시안 점검 | 운영 계획서<br>점검 | 업체 및 홍보<br>점검 | 부스 시설물<br>점검 | | 장소 시설물<br>답사 | 차량 확보 | 교회별<br>팀장 확인 |
| 최종 점검 | | | | 행사일 홍보물<br>점검 | 행사 준비<br>마무리 | | | 교회별 확인 |
| 장소 섭외 및<br>특별 행사 | 장소 섭외<br>(2월 중) | 외부 인사 섭외 | | | | 봉사자의 밤<br>(특별 예배) | | 봉사자<br>참여 유도 |

★ **세부 예산안 세우기**

제작비 상세 내역

| | 내 역 | 금 액 | 비 고 |
|---|---|---|---|
| 제작비<br>(시설 및 보수) | 방부목(38×38×12) | 207,000 | 4,600×45 |
| | 방부목(38×89×12) | 180,000 | 7,500×24 |
| | 합판 8.3mm(4×8) | 230,000 | 23,000×10 |
| | 에나멜 유광 | 19,800 | |
| | 붓 | 11,750 | |
| | 본드205 | 6,000 | |
| | 페인트(갈색, 흑색) | 13,200 | |
| | 그물망 및 경첩 | 55,000 | |
| | 볼트 | 36,390 | |

| 제작비 | 내역 | 금액 | 비고 |
|---|---|---|---|
| 제작비<br>(시설 및 보수) | 실리콘 | 11,000 | |
| | 반코팅 | 31,900 | 319×100 |
| | OPP테이프 | 11,000 | 1,100×10 |
| | 청 면테이프 | 33,000 | 1박스 |
| | 50M 리드선 | 880,000 | 88,000×10 |
| | 멀티 코드 | 33,960 | 8,490×4 |
| 소 계 | | **1,760,000** | |

## 미술마당 상세 내역

| 부 스 | 내 역 | 금 액 | 비 고 |
|---|---|---|---|
| 페이스페인팅 | 원형 파레트 | 11,200 | 800×14 |
| | 제니스 글리터젤 | 108,500 | 3,500×31 |
| | 제니스 페이스페인팅 8색 | 96,000 | 12,000×8 |
| | 제니스 페이스페인팅 10색 | 32,000 | 8,000×4 |
| | 다나미 세필붓 3호 | 21,700 | 1,550×14 |
| | 다나미 세필붓 2호 | 17,500 | 1,250×14 |
| | 다나미 세필붓 4호 | 25,900 | 1,850×14 |
| 손 본뜨기 | 칼라우드락 5T | 27,200 | 1,700×16 |
| | 글루건 대 | 12,000 | 6,000×2 |
| | 글루건 심 | 10,000 | 5,000×2 |
| | 녹산 석고붕대 | 172,800 | 1,800×96 |
| | 우드락 20개 | 35,000 | |
| | 석고보드 12개 | 63,000 | |
| 손수건 만들기 | 가제 손수건 | 420,000 | 280×1500 |
| | 천연 염색 재료 | 196,000 | |
| | 위생 장갑(200매) | 22,190 | 3,170×7 |
| | 위생 장갑(50매) | 1,670 | |
| | 고무 밴드100개 | 6,000 | 2,000×2 |
| 부모님 소망 적기 | 인조 나무 구입 | 230,000 | |
| 소 계 | | **1,508,660** | |

## 가족마당 상세 내역

| | 내 역 | 금 액 | 비 고 |
|---|---|---|---|
| 가족사진 찍기 | 버튼 제작기 대여 | 66,000 | 33,000×2 |
| | 75핀 버튼 | 280,500 | 187×1500 |
| | 써클 컷터 | 33,200 | 17,600×2 |
| | 한솔 잉크젯 전용지 | 34,000 | 6,800×5 |
| 가훈 쓰기 | 2000먹물 | 14,000 | 1,400×14 |
| | 2800벼루 | 7,500 | 1,500×5 |
| | 1800붓 | 9,000 | 900×10 |
| | 화선지 | 24,000 | 12,000×2 |
| | 1000먹 | 3,500 | 700×5 |
| 종이접기 | 학종이 | 9,000 | 600×15 |
| | 씨트지 | 7,200 | 1,250×2 |
| | 스티커 | 3,500 | 700×5 |
| | 장식(피리) | 70,000 | 3,500×20 |
| | 장식(피리) | 23,400 | 3,900×6 |
| | 3000티슈 | 5,400 | 1,800×3 |
| | 1800포스트잇 | 2,500 | 1,250×2 |
| **소 계** | | **592,700** | |

## 놀이마당 상세 내역

| | 내 역 | 금 액 | 비 고 |
|---|---|---|---|
| 물풍선 터트리기 | 물풍선 | 98,000 | 7,000×14 |
| | 물총 및 타이 | 8,800 | |
| | 우비 | 10,500 | 700×15 |
| | 청테이프 | 2,400 | 800×3 |
| 홀인원 골프왕 | 골프공 | 6,000 | 600×10 |
| | 고무홀 컵 | 22,500 | 4,500×5 |
| | 융 | 33,000 | |
| 이빨을 빼라 | 오재미 | 10,000 | 20개 |
| 윌리엄 텔 | 활 | 7,000 | 1,400×5 |
| 숯돌이 | 탱탱볼 | 17,800 | 3개 |
| | 축구공 | 29,000 | |
| 마구 마구 | 야구 배팅 연습기 | 61,380 | |
| | 연습공 | 5,000 | |

| 선물 | 500 깍기사푸 | 140,000 | 350×400 |
|---|---|---|---|
| | 500 게임자 | 140,000 | 350×400 |
| | 700 색연필 | 245,000 | 490×500 |
| | 할인 | −8,900 | |
| 소 계 | | **827,480** | |

## 탐구마당 상세 내역

| | 내 역 | 금 액 | 비 고 |
|---|---|---|---|
| 집중력 테스트 | 테스트 기계 대여 | 55,000 | 27,500×2 |
| 말 달리자 | 진동카 | 132,000 | 13,200×10 |
| | 건전지 | 29,700 | |
| | 알카라인 건전지 | 17,600 | |
| 우물 펌프 | 우물 펌프 | 88,000 | 대여 |
| 소 계 | | **322,300** | |

## 영어마당 상세 내역

| 부 스 | 내 역 | 금 액 | 비 고 |
|---|---|---|---|
| 피시, 스피드 게임 | 코팅지 | 10,450 | 2,090×5 |
| | A4용지 | 9,350 | 1,870×5 |
| | 라벨지 | 18,700 | 3,740×5 |
| | 우드락 | 1,100 | |
| | 골판지 | 4,400 | 440×10 |
| | 팬시 연필(선물) | 140,000 | 400×350 |
| 소 계 | | **184,000** | |

## 추억,먹거리마당 상세 내역

| | 내 역 | 금 액 | 비 고 |
|---|---|---|---|
| 달고나 | 부탄가스 | 61,460 | 30,730×2 |
| | 식용유 | 54,000 | 3,600×15 |
| | 가스버너 | 111,300 | 11,130×10 |
| | 백설탕 | 22,740 | 3,790×6 |
| | 황설탕 | 26,580 | 4,430×6 |

| | 내 역 | 금 액 | 비 고 |
|---|---|---|---|
| 달고나 | 나무 젓가락 | 26,880 | |
| | 키친타월 | 17,450 | 3,490×5 |
| | 위생 장갑 | 3,170 | |
| | 식소다 | 6,750 | |
| | 후르츠 칵데일 | 7,950 | |
| 인절미 만들기 | 인절미 | 500,000 | 8말 |
| | 종이컵 | 65,000 | 5박스 |
| | 의상 대여 및 소품 | 118,000 | |
| 추억 3종 세트 | 다듬이 대여 | 82,500 | 3세트 |
| | 맷돌 대여 | 55,000 | 2세트 |
| | 절구 대여 | 55,000 | 2세트 |
| | 뻥튀기 | 51,000 | 3봉지 |
| 소 계 | | **1,264,780** | |

## 홍보비 상세 내역

| | 내 역 | 금 액 | 비 고 |
|---|---|---|---|
| 행사 홍보비 | 버스 광고 | 605,000 | |
| | 게시판 홍보비 | 144,000 | 휴먼시아 게시판 |
| | 대형 현수막 | 1,200,000 | |
| | 부스별 현수막 | 1,050,000 | |
| | 홍보 엽서 | 849,000 | 13,000장 |
| | 홍보 포스터 | 100,000 | |
| | 브로슈어 | 800,000 | 4,000부 |
| 소 계 | | **4,748,000** | |

세부
계획과
진행

★ **행사장 섭외**

행사장 섭외가 가장 중요하다. 레포츠 공원이나 평상시 유동 인구가 있는 곳으로 접근성이 좋은 장소를 선택해야 한다. 어린이날에는 행사장이 필요한 기관이 많으므로 미리 섭외해서 확정해야 한다.

본 교회는 교회 이름이 아닌 지역의 NGO기관과 협력하여 운영한다. 따라서 모든 섭외 공문 또한 그 기관 이름으로 들어갈 수 있도록 업무 조율도 필요하다.

★ **지역 교회 연합**

기획 단계부터 공동으로 협의한다. 개 교회별로 운영할 부스를 정한다.

★ **프로그램 개발**

처음부터 프로그램을 개발하기는 어렵다. 기존에 진행한 부스에서 아이디어를 얻는다. 마당, 부스별 내용과 인원을 계획할 때 기존의 참여도나 현장 상황을 반영하여 수립한다. 마당, 부스별 운영 계획서를 접수하고 검토한다.

# 페이스페인팅 미술놀이마당

| 부스장 | 홍수미 집사 | 운영부서 | 아동부 | 협력부서 | 여성3교구 |
|---|---|---|---|---|---|
| 봉사자 | 아동부 교사(6명) 여성3교구(6명)<br>최현숙 김덕희 강순옥 박혜진 최성민 백남일 금경 심혜경 이효생 김원진<br>이정윤 류소연(총 26 원) | | | | |
| 요청물품 | 천막 1개 / 책상 4개 / 그 외 등의자 8개 파란의자 8개 | | | | |

| 예산<br>집행<br>내역 | 물감 8,000×8 | 64,000 |
|---|---|---|
| | 반짝이풀 1,500×30 | 45,000 |
| | 붓 1,500×20 | 30,000 |
| | **합계** | **139,000** |

## 부스 운영 사진

# 진동차 경주 지능마당

| 부스장 | 김영국 집사 | 운영부서 | 3,4남성교구 | 협력부서 | 영아부 |
|---|---|---|---|---|---|
| 봉사자 | 4남성교구(10명) 김영기, 황 준, 조영석, 박대우, 기충서 등 (총16명) | | | | |
| 요청물품 | 천막 1개 / 책상 3개 / 그 외 등의자 10개 | | | | |
| 진행방법 | - 줄을 서서 기다린다<br>- 3~4명씩 나와서 진동카를 선택해서 출발시킨다.<br>- 참여한 어린이에게는 선물을 준다.<br>- 진행은 교대로 한다. | | | | |
| 예산<br>집행<br>내역 | 진동카 | | | | 240,000 |
| | 건전지 | | | | 50,000 |
| | 청테이프 | | | | 10,000 |
| | 연필꽂이 | | | | 찬조 |
| | 합계 | | | | 300,000 |

## 부스 운영 사진

# 가훈 쓰기 가족마당

| 부스장 | 전 진 목사 | 운영부서 | 은혜중앙교회 | 협력부서 | 제자교회 |
|---|---|---|---|---|---|
| 봉사자 | 은혜중앙교회 15명, 윤소리, 이연화, 이혜린 (총18명) | | | | |
| 요청물품 | 천막 1개 / 책상 3개 / 그 외 등의자 10개 | | | | |
| 예산<br>집행<br>내역 | 2000먹물 1,400×14 | | | | 14,000 |
| | 2800벼루 1,500×5 | | | | 7,500 |
| | 1800붓 900×10 | | | | 9,000 |
| | 화선지 12,000×3 | | | | 36,000 |
| | 1000먹 700×5 | | | | 3,500 |
| | 합계 | | | | 70,000 |

## 부스 운영 사진

# 인절미 만들기 먹거리마당

| 부스장 | 하태준 집사 | | 운영부서 | 1,2남성교구 | | 협력부서 | 여성1교구 |
|---|---|---|---|---|---|---|---|
| 봉사자 | 구해순, 유영광, 김현순, 김성주, 염재림, 이준주, 오석태 외 14명 (총 20 명) | | | | | | |
| 요청물품 | 천막 1개 / 책상 3개 / 그 외 등의자 6개 | | | | | | |
| 진행방법 | – 5명이 인절미 만들고, 2명은 떡매 체험한 어린이에게 인절미를 컵에 담아서 준다.<br>– 1명은 어린이 떡매 체험을 진행한다.<br>– 1명은 떡판을 정리한다. | | | | | | |
| 예산<br>집행<br>내역 | 인절미 10말 | | | | | | 800,000 |
| | 종이컵 외 | | | | | | 20,000 |
| | 합계 | | | | | | 820,000 |

## 부스 운영 사진

# 달고나 먹거리마당

| 부스장 | 이장수 집사 | 운영부서 | 1,2남성교구 | 협력부서 | 여성1교구 |
|---|---|---|---|---|---|
| 봉사자 | 이동숙, 이미자, 박상규, 이장수, 이금옥, 김성진, 황창현, 최장문, 한상호 정석승, 이철우 외 9명 (총 20 명) | | | | |
| 요청물품 | 천막 2개 / 책상 2개 / 그 외 등의자 6개 앉은뱅이 의자 20개 | | | | |
| 예산<br>집행<br>내역 | 부탄가스 | | | | 61,000 |
| | 가스버너 | | | | 70,000 |
| | 황설탕 | | | | 22,000 |
| | 백설탕 | | | | 26,000 |
| | 나무 젓가락 | | | | 26,000 |
| | 키친타월 | | | | 10,000 |
| | 소다 | | | | 5,000 |
| | 합계 | | | | **220,000** |

## 부스 운영 사진

# 다듬이 · 맷돌 · 절구 체험 추억마당

| 부스장 | 남영희 권사 | | 운영부서 | 안나구역 | | 협력부서 | 1,2남성교구 |
|---|---|---|---|---|---|---|---|
| 봉사자 | 남영희, 박복희, 남병규, 한점심 외 6명 (총 10명) | | | | | | |
| 요청물품 | 천막 1개 / 책상 3개 / 그 외 등의자 6개 | | | | | | |
| 예산<br>집행<br>내역 | 다듬이 대여 | | | | | | 100,000 |
| | 절구 대여 | | | | | | 55,000 |
| | 맷돌 대여 | | | | | | 55,000 |
| | 뻥튀기 | | | | | | 50,000 |
| | 멍석 | | | | | | 40,000 |
| | 합계 | | | | | | 300,000 |

## 부스 운영 사진

프로그램

# 나는 사격왕 놀이마당

| 부스장 | 장정일 집사 | 운영부서 | 사랑부 | 협력부서 | 중고등부 |
|---|---|---|---|---|---|
| 봉사자 | 한태석, 주나라, 양소영, 황효진, 최영주, 송은석, 임선미, 이명구, 황인경, 배 연, 이훈재, 이수민, 박수빈, 사랑부 친구들(7명) (총 20 명) | | | | |
| 요청물품 | 천막 2개 / 책상 4개 / 그 외 등의자 4개 | | | | |
| 진행방법 | − 1게임 3명씩 참여 : 너프건으로 1인당 6발씩 사격하여 배너 과녁판 맞추기<br>− 상품 증정 : 과녁 명중 6~5발 / 4~3발 / 2~1발 순으로 차등 상품 지급 | | | | |
| 예산<br>집행<br>내역 | 베너 과녁판 주문 제작 | | | | 70,000 |
| | 너프건 9개 | | | | 110,000 |
| | 너프건 총알 | | | | 20,000 |
| | 기념 상품 | | | | 100,000 |
| | **합계** | | | | **200,000** |

## 부스 운영 사진

# 홀인원 골프왕 <small>놀이마당</small>

| 부스장 | 이정민 청년 | 운영부서 | 중고등부 | 협력부서 | 사랑부 |
|---|---|---|---|---|---|
| 봉사자 | 김희자, 김회남, 이은나, 최지현 (각 반 학생들 추가) (총 20 명) | | | | |
| 요청물품 | 천막 1개 / 책상 3개 / 그 외 등의자 10개 | | | | |
| 진행방법 | 1. 봉사자의 안내에 따라 지정된 자리에 위치한다.<br>2. 공을 홀에 넣을 수 있는 방법을 설명해 준다.<br>3. 3~5회 연습할 수 있는 기회를 준다.<br>4. 홀에 골인하면 도장을 받으러 이동한다. | | | | |
| 예산<br>집행 내역 | 선물 | | | | 50,000 |
| | **합계** | | | | **50,000** |

## 부스 운영 사진

프로그램

# 인간 컬링 놀이마당

| 부스장 | 이종우 집사 | 운영부서 | 중고등부 | 협력부서 | 사랑부 |
|---|---|---|---|---|---|
| 봉사자 | 이종우, 김은주, 김민자, 박보연, 박동일 (각 반 아이들 추가)(총30명) | | | | |
| 요청물품 | 천막 1개 / 책상 3개 / 그 외 등의자 10개 | | | | |
| 진행방법 | 1. 봉사자의 안내에 따라 지정된 자리에 위치한다.<br>2. 컬링용 대야에 탑승한다.<br>3. 전방 바닥에 붙어 있는 과녁을 향해 부모님께서 밀어 준다. (부모님이 안 계실 경우 봉사자가 밀어 줌)<br>4. 2번 시도하여 전방에 있는 과녁 안에 들어가면 도장을 받으러 이동한다. | | | | |

| 예산<br>집행 내역 | 컬링용 대야 | | | 찬조 | |
|---|---|---|---|---|---|
| | 합계 | | | 0 | |

## 부스 운영 사진

054

# 마구 마구(야구) 놀이마당

| 부스장 | 정 우 집사 | | 운영부서 | 중고등부 | | 협력부서 | 사랑부 |
|---|---|---|---|---|---|---|---|
| 봉사자 | 배상환, 박현우, 이보라, 김다현, 백문식 (각 반 학생들 추가) (총 20 명) | | | | | | |
| 요청물품 | 천막 1개 / 책상 3개 / 그 외 등의자 10개 | | | | | | |

| 진행방법 | 타격장 | 투구장 |
|---|---|---|
| | 1. 봉사자의 안내에 따라 타석에 위치 | 1. 봉사자의 안내에 따라 투구석에 위치 |
| | 2. 바닥에서 튀어 오르는 공 타격 | 2. 전방에 포수 모양의 글러브 안에 투구 |
| | 3. 전방에 공중에 매달려 있는 글러브 모양의 표적 맞추기 | 3. 포수 중심의 글러브 모양 홀안에 투구 |
| | 4. 한 어린이당 3번의 기회 | 4. 한 어린이당 3번의 기회 |

| 예산 집행 내역 | 배경 시트지 | 50,000 |
|---|---|---|
| | 합계 | **50,000** |

## 부스 운영 사진

# 자전거 발전기, 나로호 등 탐구마당

| 봉사자 | 부천영안교회, 주향한교회 (총 20 명) | |
|---|---|---|
| 요청물품 | 천막 2개 / 책상 6개 / 그 외 등의자 30개 | |
| 진행방법 | **자전거 발전기**<br>1. 진행자의 안내에 따라 전기의 원리에 대해 설명을 듣는다.<br>2. 준비된 자전거에 올라 타 패달을 돌리며 전구에 불이 들어오는 것을 확인한다.<br><br>**나로호**<br>1. 진행자의 안내에 따라 나로호 발사 원리를 숙지한다.<br>2. 준비된 나로호를 발로 밟아 공기 압으로 발사하여 전방에 있는 과녁판을 맞힌다. | |
| 예산<br>집행<br>내역 | 전기 체험 셋트 | 60,000 |
| | 자전거 발전기 | 100,000 |
| | 나로호 발사 | 50,000 |
| | 집중력 테스트 | 60,000 |
| | **합계** | **270,000** |

## 부스 운영 사진

# 경찰서 · 소방서 참여마당

| 봉사자 | 경찰대원, 소방대원 (총 20 명) |
|---|---|
| 요청물품 | 천막 3개 / 책상 10개 / 그 외 등의자 35개 |
| 진행방법 | **경찰서 진행방법**<br>1. 경찰관들의 안내에 따라 차례를 기다린다.<br>2. 안내에 따라 싸이카에 탑승 후 기념 촬영한다.<br>3. 안내에 따라 경찰차에 탑승 후 기념 촬영한다.<br>4. 마지막으로 경찰서의 마스코트인 포순이 포돌이와 기념 촬영한다.<br><br>**소방서 진행방법**<br>1. 소방관의 안내에 따라 차례를 기다린다.<br>2. 준비된 소방 호수로 전방에 있는 물체에 조준 분사한다.<br>3. 소방관들이 입는 옷을 직접 입어 본 후 기념 촬영한다.<br>4. 소방관의 안내에 따라 심폐 소생술을 배운다. |

## 부스 운영 사진

★ **봉사자 모집과 교육**

**봉사자 모집**　많은 인원이 참여하기 때문에 원활하게 진행하기 위해서는 봉사자 확보가 필수다. 부스별로 봉사자를 확보하고 사전 오리엔테이션을 실시한다(맡은 임무와 행동 방침 교육). 자원 봉사 인정이 가능하니 각 학교, 단체별로 봉사자 참여를 유도할 수 있다. 개 교회에서 진행할 경우 꼭 아름다운가게 및 굿네이버스 등 함께 참여하는 단체에서 자원 봉사를 인정 받을 수 있는지 확인해 보자.

**봉사자 교육**　전체 오리엔테이션은 행사 일주일 전 모든 봉사자가 모여 실시한다. 행사 당일 전체적인 일정과 봉사자의 기본 행동 요령, 부스 운영 원칙 등을 사전에 교육한다. 행사에 참여하는 주민과 봉사자 모두 보람되고 즐겁게 하는 데 목적이 있다.

**Sample**　봉사자 모집 홍보 엽서

꿈을먹고살지요 행사 당일,
어린이와 가족분들을
섬길 '꿈먹 도우미'에 지원 하세요!

꿈먹도우미는 각 마당 부스에서 도우미 역할을 수행합니다.
+ 시간대 설정 가능 / 중식 제공 / 봉사점수 적용 가능

지원상담 : 032-323-9521
010-3944-2499 (담당자:민경률)

## 진행 요원 전체 오리엔테이션

**1** 전체 진행 사항과 시정 조치 사항은 본부의 지시대로 이행

**2** 문제 발생시 부스의 책임자(정·부)를 통해 본부에 보고

**3** 진행 봉사자는 협력하고 도우며 흥분하지 말고 이성적으로 즐겁게

**4** 피곤하더라도 얼굴 표정 관리, 언행을 조심

**5** 시설물 및 준비물을 아끼며 보호

**6** 안전이 최우선. 무리한 진행은 금지

**7** 부스의 특성 및 운영 방법을 사전에 완전하게 숙지

**8** 담당 부스는 종료 때까지 책임을 다하며, 자리 무단이탈 금지

**9** 행사 준비물 상품 등을 적절히 안배하여 마감 시간 동안 운영에 차질 없도록 진행

**10** 반복되는 질문에도 성심껏 답하고, 다양한 요청에 친절하게 응할 것

**11** 부스 담당 봉사자 외에 다른 사람에게 부스 운영을 절대로 맡기지 말 것

**12** 부스 운영 시작과 종료는 반드시 본부의 지시에 따르고, 임의로 운영 시간 변경 금지

**13** 우선권은 없으며 줄서는 순서대로 대응

**14** 등록 접수된 인원에 한하여 실시하며 미등록된 인원은 접수대로 안내

**15** 마무리도 깨끗하게. 행사 물품 정리와 부스 주변 청소

★ 물품 준비(구매할 것, 빌릴 것), 물품 배정표

| No | 마당별 Booth | | 천막 | 탁자 | 등의자 | 파란의자 | 리드선 | 멀티선 | 비고 |
|---|---|---|---|---|---|---|---|---|---|
| 1 | 미술마당 | 페이스페인팅 | 1 | 4 | 8 | 8 | | | |
| 2 | | 팔찌 만들기 | 1 | 5 | 25 | | | | |
| 3 | | 바람개비 만들기 | 1 | 3 | 18 | | 1 | 3 | |
| 4 | 가족마당 | 가족사진 찍기 | 1 | 5 | 8 | | 1 | 3 | |
| 5 | | 가훈 쓰기 | 1 | 3 | 10 | | | | |
| 6 | | 썬캡 만들기 | 2 | 6 | 10 | | 1 | 2 | |
| 7 | | 매미피리 만들기 | 2 | 5 | 25 | | 1 | 5 | |
| 8 | 놀이마당 | 나는 사격왕 | 2 | 4 | 4 | | | | |
| 9 | | 홀인원 골프왕 | 1 | 3 | 10 | | | | |
| 10 | | 마구, 마구(야구) | 1 | 3 | 10 | | | | |
| 11 | | 격파왕 | 1 | 1 | 4 | | | | |
| 12 | | 농구왕 | 1 | 3 | 10 | | | | |
| 13 | | 인간 컬링 | 1 | 3 | 10 | | | | |
| 14 | | 숫돌이 | 1 | 3 | 6 | | | | |
| 15 | 추억 먹거리 마당 | 달고나 | 2 | 2 | 6 | | | | |
| 16 | | 인절미 만들기 | 1 | 3 | 6 | | | | 음향 |
| 17 | | 다듬이, 맷돌 체험 | 1 | 3 | 6 | | | | |
| 18 | | 탱탱볼 | | | | | | | |
| 19 | | 플란더스의 희망이 | | | | | | | |
| 20 | 영어마당 | 무지개화분 만들기 | 1 | 6 | 20 | | | | |
| 21 | 지능마당 | 진동차 경주 | 1 | 3 | 10 | | | | |
| 22 | | 꿈을 꾸어요 | 2 | 5 | 30 | | | | |
| 23 | | 나만의 시계 만들기 | 1 | 3 | 18 | | | | |
| 24 | 탐구마당 | 몸에 통하는 전기 | 1 | 3 | 15 | | | | |
| 25 | | 자전거 발전기 | 1 | 3 | 15 | | | | |
| 26 | | 나로호 발사 | 1 | 3 | 15 | | | | |
| 27 | | 집중력 테스트 | 1 | 3 | 15 | | | | |
| 28 | 참여마당 | 아름다운가게 | 2 | 8 | 10 | | 1 | 1 | |
| 29 | | 부천소방서 | 2 | 6 | 20 | | 1 | 1 | TV |
| 30 | | 굿네이버스 | 1 | 3 | 10 | | | | |
| 31 | | 오정경찰서 | 1 | 4 | 15 | | 1 | 1 | |
| 32 | | 고리울 | 1 | 3 | 5 | | 1 | 1 | |
| 33 | | 해경 | 1 | 2 | 4 | | | | |
| 34 | | 서부자활센터 | 1 | 2 | 5 | | | | |
| 35 | | 넥서스 책 부스 | 1 | 4 | 6 | | | | |
| 36 | | 행복한 책 버스 | | | | | | | |
| 37 | 기타 | 방송실 | 2 | 4 | 8 | | | | |
| 38 | | 본부석 | 2 | 8 | 24 | | 1 | | |
| 39 | | 식당 | 2 | 8 | 24 | | | | |
| 40 | | 접수대 | 1 | 4 | 20 | | | | |
| | 합 계 | | 43 | 132 | 415 | | 9 | 17 | |

**Sample** 행사 홍보물

홍보는 단계별로 진행한다.

**1단계** 2개월 전 현수막을 제작하여 부천의 모든 지역 개첨대에 건다. 개첨대 이용은 광고 업체를 통해 진행한다. 현수막을 걸기 원하는 날짜 한달 전에 접수해야 한다. 자세한 내용은 광고 업체에 문의하면 된다.

**2단계** 포스터를 제작하여 교회와 인근 지역, 그리고 성도들의 사업장에 게시하여 홍보한다.

**3단계** 홍보물 엽서, 현수막을 가지고 부천 지역 초등학교 및 행사 장소를 이용하는 시민에게 홍보한다.

**1** 현수막

부천의 대표 어린이 축제

# 제14회 꿈을 먹고 살지요

일시 : 5월 5일 (화) AM10:00~PM5:00
장소 : 부천 종합운동장 원형광장
주최 : 아름다운가게

**2** 홍보 포스터(협력 업체 포함)

**3** 홍보 엽서

안녕하세요?
고맙습니다!

꿈을 꾸는 우리 어린이에게 가장 필요한 것,
안부를 묻는 배려와 감사 할 수 있는 마음 !

우리 아이에게 남다른 꿈을 심어주는
부천의 대표 어린이 축제
**제14회 꿈을 먹고 살지요**

일시 : 5월 5일 (화) AM10:00~PM5:00
장소 : 부천 종합운동장 원형광장 / 문의 : 032)323-9521

주최 : 아름다운가게

꿈을먹고살지요 행사 당일,
어린이와 가족분들을
섬길 **꿈먹 도우미** 에 지원 하세요 !

원하는부위는 각 마당 부스에서 도우미 역할을 수행합니다.
* 시간대 협정 가능 / 증식 채용 / 봉사점수 적용 가능

지원상담 : 032-323-9521
010-3944-2499 (담당자:민경룡)

**프로그램**

미술놀이마당 : 페이스페인팅, 팔찌만들기, 바람개비만들기
가족마당 : 가족사진찍기, 기름크기, 반cap만들기, 페이퍼크라만들기
신나는놀이마당 : 나는 사각팡, 훌라힘 로프팡, 구구 마구아구, 제자우당, 농구팡, 민간힘팡, 수술이
참의과학마당 : 몸에 통하는 반지, 자전거 밀전기, 나요호 빛시, 짐중력 퍼스로

치는농마당 : 전통카 굿주, 콩물 주어요, 나만의 시계만들기
추억체거리마당 : 알곡니, 인형미 만들기, 평팽빙, 추억속으로(다등이, 옛둘 룰기
살마마당 : 무지개 채부 만들기

*모든 프로그램은 무료로 체험 할 수 있습니다.

협찬

---

**4** 유리문 부착 포스터

**제14회 꿈을 먹고 살지요**

"5월 5일, 우리의 이웃 어린이와 가족을 섬길 성도님을 찾습니다"

일시 : 5월 5일(화) AM10:00~PM5:00
장소 : 부천 종합운동장 원형광장 / 문의 : 032)323-9521

---

**5** 단체 티셔츠 시안

안녕하세요?
고맙습니다!

제14회 꿈을 먹고 살지요
STAFF

## 6 당일 리플렛(앞, 뒤)

우리 아이에게 남다른 꿈을 심어주는 부천의 대표 어린이 축제

# 제14회 꿈을 먹고 살지요

일시 : 5월 5일 (화) AM10:00~PM5:00

무대

가족마당
1.가족사진 찍기 / 2.가훈쓰기
25.썬CAP만들기 / 26.매미피리만들기

미술마당
3.바람개비만들기 / 4.페이스페인팅 24.팔찌만들기

놀이마당
5.전통무술체험관 / 22.마구마구(야구)
23.홀인원 골프왕

참여마당
6.연안사고예방 / 15.고리울청소년문화의집 / 16.오정경찰서
21.굿네이버스 / 31.서부자활센터 / 32.행복한 책 버스 / 33.부천소방서

지능마당
7.꿈을 꾸어요 / 8.나만의 시계 만들기 / 9.전동카경주

원예마당
10.무지개 화분 만들기

놀이마당
11.인간컬링 / 12.농구왕 / 13.사격왕 / 14.숫돌이

추억먹거리마당
17.탱탱볼 / 18.다듬이,맷돌체험 / 19.달고나 / 20.인절미

탐구마당
27.몸에 통하는 전기 / 28.자전거발전기
29.나로호발사 / 30.집중력테스트

접수처

주최 : 아름다운가게

## 꿈을 먹고 살지요 협찬사

이난영의 들깨칼국수 / 부천시 원미구 중2동 TEL 032-611-7800
덕소숯불고기 / 고양시 일산동구 풍동 TEL 031-907-3892
예지재 / 인천 남동구 논현동 649-3 TEL 032-434-7582
베스킨라빈스31 / 부천시 원미구 중동 1133-13 TEL 032-325-0041
허벌라이프(명품 다이어트) / 부천시 원미구 상동 546-4 TEL 032-671-6806
㈜SUN BGM / 부천시 오정구 삼정동 48-81 TEL 032-672-6070
산야초12 / 부천시 오정구 여월동 138 TEL 032-326-8008
김진방 한의원 / 부천시 원미구 상동 538-4 TEL 1644-7562

㈜YN개발 / 성남시 분당구 삼평동 618 TEL 031-628-8700
상창플랜트 / 김포시 고촌면 향산리 585-14 TEL 031-986-1211
동양볼링장 / 부천시 원미구 원미동 48-4 TEL 032-657-3366
오대박왕만두 / 서울 양천구 신월동 1183-10 TEL 02-2692-2004
신광플라스틱 / 부천시 원미구 도당동 73-6 TEL 032-679-6577
광진자원 / 시흥시 과림동 418 TEL 02-2612-2986
창일금속 / 부천시 오정구 여월동 77-2 TEL 032-679-4357

제자교회 / 서울시 노원구 중계본동 92-4 TEL 02-933-8233 (담임목사 유충국)
은혜동광교회 / 인천 계양구 동양동 606-9 TEL 032-546-9019 (담임목사 전진)
성만교회 / 부천시 오정구 여월동 306번지 TEL 032-323-9521 (담임목사 이찬용)
부천영안교회 / 부천시 소사구 소사본3동 278-65 TEL 032-678-1225 (담임목사 김호정)
주향한교회 / 부천시 원미구 중동 1100번지 TEL 032-668-0191 (담임목사 김태규)
정금교회 / 부천시 소사구 송내동 374 TEL 032-656-0853 (담임목사 이재국)

## 축 사

'제14회 꿈을 먹고 살지요' 를 축하합니다. 나눔의 아이콘으로 자리매김한 '아름다운 가게' 는 2002년 안국점 1호점을 개점한 이래 10여 년 만에 전국 130여개의 매장을 갖추게 되었습니다. 10여 년 간 '아름다운가게' 를 통해 나눔 문화가 확산되었기에 많은 이들이 아름다운 나눔에 동참하고 있습니다. 작년까지 기증품을 받아 얻어진 200억 원의 수익금은 어려운 이웃을 위해 사용되었다고 합니다. 작은 기증품들이 모여 어마어마한 기적을 만들어 낸 것입니다. 오늘 참석해 주신 여러분과 많은 이들의 참여가 있었기에 가능한 결과였습니다. 오늘 행사장을 찾아주신 여러분을 비롯해 '아름다운 가게' 에 물건을 기증하고 구매해주신 모든 분께 감사의 말씀을 드립니다.

오늘은 '어린이날' 로 우리 아이들은 어떤 선물을 받을까하는 설레 임을 갖고 행사장에 왔을 것입니다. 오늘 행사장을 찾은 아이들은 물질적인 선물보다 더 크고 소중한 정신적인 선물인 재사용과 나눔의 가치를 배울 수 있을 것입니다. 부천시도 '부천시자원순환센터' 에 견학프로그램을 마련하여 재사용의 중요성과 선순환 가치를 아이들에게 전파하고 있습니다.
또한 '부천시자원순환센터' 내에는 '식품안전체험관' 과 '기후변화체험관' 도 마련되어 있습니다. 아이들과 함께 방문하시면 유익한 시간을 보내실 수 있을 것입니다.

올해로 14회째를 맞이하는 '꿈을 먹고 살지요' 는 해를 거듭할수록 많은 호응으로 '어린이날' 을 대표하는 부천시 행사로 자리매김했습니다. 행사 준비에 애써주신 '아름다운 가게 부천여월점' 을 비롯한 관계자, 자원봉사자 여러분과 후원해 주신 기업인 여러분께 감사드립니다. 오늘의 행사를 통해 '아름다운가게' 에서 추진하는 자원의 재사용과 재순환의 가치가 더 많은 시민에게 전달되어 더 큰 나눔으로 확산될 수 있기를 기원합니다.

앞으로도 여러분 모두가 우리 부천의 나눔 문화 확산을 위해 적극적으로 활동해 주시기 바랍니다. 여러분의 가정에 항상 건강과 평화가 함께하기를 기원합니다.

고맙습니다.

부천시장 김만수

## 인 사 말

우리 아이에게 남다른 꿈을 심어주는 부천의 대표 어린이 축제 '꿈을 먹고 살지요' 가 올해로 14회를 맞이하게 됩니다. 아이들에게 행복한 세상, 온 가족에게 즐겁고 행복한 하루를 선물하고자 했던 시작의 마음이 이젠 봉사하는 사람이나 참여하는 가족 모두가 즐겁고 행복한 하루를 보내게 된 듯 합니다. 꿈을 꾸는 우리 어린이에게 가장 필요한 것은 무엇일까요! 어른들의 진정 있는 인사를 통해 아이들의 가슴에 배려와 고마움을 심어 줄 수 있는 것은 건강한 모델이 되어야 할 어른들의 필수 덕목이 아닌가 싶습니다.

오늘은 우리가 만나는 모든 아이들에게 그리고 앞으로 함께 하게 될 모든 어린이들에게 "안녕하세요?" "고맙습니다!" 라는 인사와 함께 밝은 표정과 미소를 선물하고자 합니다. 분명 아이들은 그 어떤 선물보다 여운이 남는 귀한 선물을 받게 될 것입니다. 우리의 아이들과 함께 하는 하루! 온 가족이 함께 있음을 행복해하고 서로의 소중함을 느끼며 곁에 있어주는 것만으로도 고마운 하루였으면 좋겠습니다.

우린 올해도 온 가족이 즐기며 행복해 할 수 있도록 변함없는 섬김의 모습으로 축제를 만들어 가겠습니다. 모든 어린이들과 부모님 그리고 봉사로 수고하고 섬기는 모든 이들에게 진심으로 감사의 마음을 전합니다.

사랑하고 축복합니다.

성만교회 담임목사 이찬용

## 격 려 사

거리에 만발하는 분홍빛 진달래꽃이 화사한 봄의 기운을 전해 주는 듯합니다. 또한 하늘의 청명함은 얼마나 아름다운지요! 모든 이에게 생기와 발랄함을 선물해 주는 듯 우리 모두에게 꿈과 희망을 전해 주고 있습니다.

이러한 푸르름의 계절에 아이들에게 남다른 꿈을 심어주고자 올해도 어김없이 "꿈을 먹고 살지요" 가 이루어집니다. 올해로 14회를 맞이하는 "꿈을 먹고 살지요" 는 부천의 온가족 대표 놀이마당으로서 10개의 마당, 40여개의 부스로 진행됩니다. 특별히 올해도 어김없이 지역의 관공서인 부천소방서, 오정경찰서, 행복한도서관재단, 지역 NGO인 굿네이버스 그리고 지역의 교회 성도분들이 함께 참여하여 더 다채롭고 유익한 시간을 마련하게 되었습니다.

이 뜻 깊은 축제의 장으로 지역의 모든 가족을 초대합니다. 온 가족이 함께 참여하며 즐겁고 유익한 시간을 마음껏 누리셨으면 합니다. 그 안에서 받게 되는 사랑, 배려, 감사, 희망의 마음이 우리 어린이들의 가슴에 작은 씨앗이 되어 미래의 주역으로 나아가는 디딤의 삶을 열어줄 것이라 기대합니다.

어린이 여러분! 사랑합니다.

제14회 꿈을먹고살지요 준비위원장 김광회

## 7 당일 대형 현수막

## 8 당일 협찬사 현수막

**꿈을 먹고 살지요 협찬사**
제 14회 꿈을 먹고 살지요와 함께하는 기업입니다.
진심으로 감사합니다.

## 9 당일 부스 안내 현수막

| | | |
|---|---|---|
| ❶ 가족마당 **가족사진찍기** | ⓫ 놀이마당 **인간컬링** | ㉑ 참여마당 **굿네이버스** |
| ❷ 가족마당 **가훈쓰기** | ⓬ 놀이마당 **농구왕** | ㉒ 놀이마당 **마구마구(야구)** |
| ❸ 기술마당 **바람개비만들기** | ⓭ 놀이마당 **사격왕** | ㉓ 놀이마당 **홀인원 골프왕** |
| ❹ 기술마당 **페이스페인팅** | ⓮ 놀이마당 **숫돌이** | ㉔ 놀이마당 **팔찌만들기** |
| ❺ 참여마당 **전통무술 체험관** | ⓯ 참여마당 **고리울 청소년 문화의집** | ㉕ 가족마당 **썬CAP만들기** |
| ❻ 참여마당 **연안사고예방** | ⓰ 참여마당 **오정경찰서** | ㉖ 가족마당 **매미피리만들기** |
| ❼ 지능마당 **꿈을 꾸어요** | ⓱ 추억,먹거리마당 **탱탱볼** | ㉗ 탐구마당 **몸에 통하는 전기** |
| ❽ 지능마당 **나만의 시계 만들기** | ⓲ 추억,먹거리마당 **다듬이, 햇ская세험** | ㉘ 탐구마당 **자전거발전기** |
| ❾ 지능마당 **진동카경주** | ⓳ 추억,먹거리마당 **달고나** | ㉙ 탐구마당 **나로호발사** |
| ❿ 영어마당 **무지개 화분 만들기** | ⓴ 추억,먹거리마당 **인절미** | ㉚ 탐구마당 **집중력테스트** |

| | |
|---|---|
| ㉛ 참여마당 **서부자활센터** | |
| ㉜ 참여마당 **행복한 책 버스** | |
| ㉝ 참여마당 **부천소방서** | |
| **꿈을먹고살지요 행사본부** | |
| **응급상황대기소** | |
| 모든부스는 접수 후 체험하실 수 있습니다. | |
| 꿈을먹고살지요 봉사자만 행사 후 식사 하실 수 있습니다. | |
| **귀빈석** | |
| **방송실** | |
| 4대人회의장 (성록력, 학교록력, 가정록력, 불량식품)<br>4대사회악장을 부천인권센터와 함께 퇴출合시다. | |

## 행사당일 준비

행사 전날 모든 물품의 준비 상태를 확인한 후에 트럭에 실어 놓는다. 당일 새벽에 선발대는 현장에 나가 위치를 확보하고 시설물을 설치한다. 현수막, 천막 같은 비품 설치부터 음향 설치, 무대 설치 등 준비해야 할 것들이 많다. 봉사자 모두는 현장에서 예배 후 각 부스로 가서 행사를 진행한다. 시작과 종료 시간을 정확하게 지킨다.

### ★ 당일 행사 일정표

| 시 간 | 행사 순서 | 비 고 |
|---|---|---|
| 6:00 | 선발대 출발 – 시설물 설치 | |
| 9:30 | 마당, 부스별 운영 준비 완료 | |
| 9:40 | 행사 예배 | |
| 10:00 | 행사 시작 | |
| 12:30-13:30 | 중식 | 교대로 실시 |
| 12:30-13:20 | 이벤트 공연 | |
| 17:00 | 행사 종료 | |
| 17:00 | 폐회(행사 종료 메시지 및 축도) | |
| 17:00 이후 | 청소 및 시설물 철수 | |

선발대는 당일 새벽 현장에 미리 도착해 비품(현수막, 천막)과 음향, 무대 등을 설치한다

## 행사 진행

**1** 마당별 특색을 갖추어 어린이들의 흥미를 유발하여 즐겁고 재밌게 행사를 진행한다.

**2** 긴 시간 행사를 진행해야 하므로 교대할 수 있는 봉사자 확보가 중요하다.

**3** 부스별로 진행하는데 특별히 유의해야 할 사항은 아래와 같다.
- – 안전이 가장 중요하므로 사전에 위험 요소를 파악하고 시행
- – 행사 종료 시간까지 원활하게 운영하도록 준비물 충분히 확보
- – 힘들어도 즐거운 표정을 유지하고 어린이의 입장에서 대응

**4** 봉사자의 휴식을 위하여 모든 부스에서 점심 시간에는 운영하지 않는다. 대신 이벤트 마당을 대신하여 행사 분위기를 이어갈 수 있도록 한다.

**5** 매년 모니터링을 하여 부스의 교체나 보완이 필요하다.

**이벤트팀 섭외**
행사 분위기에 맞는 역동적인 팀을 선정하여 섭외한다. 학교 동아리 중 댄스팀, 비보이, 밴드, 지역 태권도장 등 교회와 같이 할 수 있는 곳을 선정하여 섭외한다.
이벤트 공연은 봉사자 점심 시간을 이용하여 1시간가량의 콘티를 준비하고 선물을 준비하여 중간 중간에 나누어 준다.

행사 후

**1** 교회 카페, 게시판에 후기를 남기도록 독려한다.
 – 고마움, 감사함 나누기
 – 개선할 부분 의견 받기

**2** 결과와 기대 효과를 정리하여 기록한다.
 – 접수시에 등록된 주소로 감사 엽서 발송, 내년 참여 유도
 – 각 부스별 행사에 대한 문제점, 개선 사항 등의 토론회 실시
 – 시설물의 체계적 보관과 보수를 통해 차기 행사에 쉽게 대응토록 관리

# 컴앤씨

## The Power of One Person

| | |
|---|---|
| **행사 개요** | 중고등부 전도 축제를 문학의 밤과 접목시켜 지역의 축제로 연다. |
| **행사 목적** | 1. 교회 문턱을 넘기 힘든 친구들이 쉽게 교회로 올 수 있도록 계기를 만들어 준다. |
| | 2. 전도하고 홍보하며 프로그램을 준비하는 과정에서 온 교회가 함께 기도하여 힘을 모으고, 지역 사회에 교회의 존재를 알린다. |
| | 3. 1996년에 시작하여 2015년 20회를 맞이했다. 부천 지역에서 제일 큰 청소년 축제다. |

용어 자체가 생소하겠지만 컴앤씨(come & see)는 단어 그대로 "와서 보아라" 하는 뜻이다. 세례 요한의 제자 2명이 예수님께 어디 계시느냐고 여쭈었을 때 예수님께서 대답하신 말씀이 바로 "와 보라"였다. 그들은 가서 예수님이 계신 데를 보고 함께 머물렀다(요 1:35-40). 교회 문턱을 넘기 힘든 중고생 친구들이 쉽게 교회로 올 수 있도록 계기를 만드는 전도 축제가 바로 컴앤씨다. 1980년대 교회의 큰 행사였던 '문학의 밤'을 기억할 것이다. 바로 그 행사를 전도에 중점을 두어 재구성한 프로그램이다. 성만교회는 1996년도에 시작하여 벌써 올해로 20회를 맞이하게 되었다.

컴앤씨는 해마다 친구들에게 쉽게 다가갈 수 있는 주제를 선정하여 진행하였다. 2012년에는 "나에게 예수님이란?", 2013년에는 "내 친구에게 이런 새로운 모습이?!!", 2014년에는 "JESUS DO IT"이라는 주제로 진행했다. 전체 구성을 먼저 말하자면, 2014년을 예로 들었을 때, 모두 7개의 파트로 구성되었다.

| | | | |
|---|---|---|---|
| Part 1  밴드1 | Part 2  콩트 | Part 3  컵타 | Part 4  드라마 |
| Part 5  워십 | Part 6  목사님 설교 | Part 7  밴드2 | |

2012년 700명 작정하여 1000명 참석하고, 2013년 900명 작정하여 1200명이 참석했다. 2014년에는 1400명 참석이라는 놀라운 기적을 하나님께서 이루셨는데, 어떻게 하여 이렇게 할 수 있었는지, 우리가 준비한 것은 무엇인지, 지금부터 나누려 한다. 컴앤씨 프로그램을 행사 이전과 행사 당일, 행사 이후로 나누어 소개해 보겠다.

## 행사 이전

가장 먼저 중고등부 교사의 운영 체제를 정비했다. 전 교사의 참여를 유도하기 위해서 진행팀(프로그램 운영), 홍보팀, 전도팀, 봉사팀(당일 간식, 안내, 스텝), 기도팀(행사를 위해 기도) 등 5개의 팀으로 나누었다. 그리고 기획팀을 구성했는데, 각 팀의 팀장과 교역자, 간사, 중등부 총무, 고등부 총무로 구성하였다. 이렇게 하여 기획팀의 사전 회의 내용이 각 팀의 팀원에게 신속하게 전달되고 각 팀원의 의견이 행사에 반영되어 행사가 한 방향으로 향하는 분위기를 조성할 수 있다.

뿐만 아니라 학생들도 이 다섯 개의 팀으로 나누어 함께 준비하는 분위기를 형성하였다. 전도팀에 속한 학생은 각 학교에 교사들이 전도를 나갈 때 교문에 나와 함께 전도하게 한 것이다. 학생들의 의식이 '나는 안 해도 되겠지'에서 '내가 할 일은 무엇일까?'로 바뀌어 모두 하나가 되어 준비할 수 있었다.

각 팀별 활동은 다음과 같다.

## 전도팀

문학의 밤 형태로 진행되는 전도 축제인 만큼 컴앤씨는 전도에 집중한다. 전도팀 교사와 학생들은 매해 전도를 위해 다양한 방법을 모색하는데, 한 영혼을 향한 마음은 언제나 한결같다.

### ★ 태신자 작정

교회에서 보통 봄, 가을에 총동원 전도 축제를 할 것이다. 그때 가장 먼저 하는 것이 바로 태신자 작정 카드를 쓰는 것이다. 마찬가지로 가장 먼저 중고등부 친구들에게 기도하게 한 후 태신자 작정 카드를 주면서 친구들 이름을 3명씩 적게 했다. "친구가 없어요", "저는 왕따예요" 하며 아이들은 빈 용지를 제출했다. 그래서 본당 로비에 큰 벽판을 만들어 붙였다. 중고등부 친구의 이름을 적은 후 옆에 세 개의 빈칸을 만들어 놓고 태신자를 적어 내면 그 이름을 옮겨 적는 판이다.

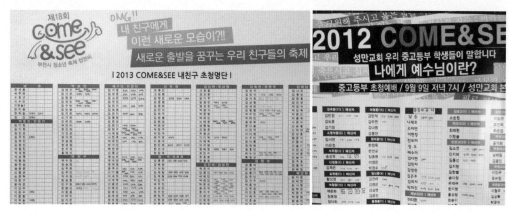

태신자 작정 카드를 받은 첫날에는 리스트에 빈칸이 많다. 빈칸이 있는 친구들과 선생님이 현황판 앞에서 이야기를 나눈다. 만날 때마다 같이 서서 충분히 설명한 후 한 명의 친구라도 빈칸을 채울 수 있도록 말이다. 그러다 보니 이제는 태신자 작정 카드를 겁내지 않고 다섯 명, 열 명까지도 적어 제출하는 친구들이 생기게 되었다.

## ★ 전도 일정 계획

이렇게 작성된 친구의 명단을 가지고 학교별로 인원수를 파악하고 전도 일정을 계획하는 것이 바로 그 다음 단계다. 우리 중고등부 학생이 다니는 학교는 50여 개인데, 아이들이 많은 학교는 a그룹, 그다음이 b그룹, 적은 학교는 c그룹으로 나눈 후 3개월 전도 일정을 세웠다. 학사 일정에 맞춰서 점심시간과 하교시간으로 나누어 a그룹은 3회, b그룹은 2회, c그룹은 1회 방문으로 계획을 세웠다. 등교시간에는 학생들이 너무 바빠 잠깐도 이야기를 나눌 시간이 없어서 좋은 반응이 나오지 않았다. 점심시간은 학교별로 차이가 있지만 소수 그룹을 만나기에 적절했으며, 하교시간은 많은 친구를 학교 눈치 보지 않고 만날 수 있는 가장 좋은 시간이었다.

# ★ 전도 일정 달력

| 주일 | 월 | 화 | 수 | 목 | 금 | 토 |
|---|---|---|---|---|---|---|
| 14 태신자 작정 | 15 | 16 점심│ 하교│성곡중 | 17 점심│부천고 하교│ | 18 점심│덕산고 하교│수주고 | 19 점심│원종고 하교│북고 | 20 |
| 21 | 22 | 23 점심│ 하교│수주중 | 24 점심│ 하교│여월중 | 25 점심│ 하교│도당고 | 26 점심│ 하교│까치울중 | 27 |
| 28 태신자 작정 | 29 | 30 점심│역곡고 하교│중흥고 | 1 점심│부천정산고 하교│범박고 | 2 점심│부천공고 하교│북중,내동중 | 3 학교휴무(개천절) | |
| 5 | 6 | 7 점심│원미고 하교│수주중 | 8 점심│일신중 하교│심원고 | 9 학교휴무(한글날) | 10 점심│덕산고 하교│수주고 | 11 |
| 12 | 13 | 14 점심│계남중 하교│성곡중,금융고 | 15 점심│부천고 하교│여월중,부명고 | 16 점심│원종고 하교│도당고 | 17 점심│상원고,상동고 하교│까치울중,북고 | 18 반별 토요전도 |
| 19 태신자 작정 | 20 | 21 점심│소명여중,고 하교│원미고,범박고 | 22 점심│부평여중 하교│부흥중,심원고 | 23 점심│계남고 하교│북중, 북여중 | 24 점심│부천공고 하교│상일중,고 | 25 반별 토요전도 |
| 26 | 27 | 28 점심│소명여중,고 하교│원미고,범박고 | 29 점심│부평여중 하교│부흥중,심원고 | 30 점심│계남고 하교│북중,북여중 | 31 점심│부천공고 하교│상일중,고 | 1 |

🔖 전도 TIP │ 점심시간에 학교를 개방하는 곳과 그렇지 않은 곳이 있으므로 사전에 파악하는 것이 중요하다. 하교시간에도 학교 교문 바로 앞에 있으면 주의를 주는 곳도 있으니 학교마다 분위기를 잘 파악해야 한다. 학교에 교회에 대한 나쁜 이미지를 주면 안 되기 때문이고, 교문을 지키는 분도 우리의 협력자로 만들어야 다음 방문에서 훨씬 수월하게 친구들을 만날 수 있다

## ★ 학교 앞 전도

학교 앞 전도를 갈 때 그냥 가면 안 된다. 전도 물품을 반드시 준비한다. 초코바, 붕어빵, 아이스크림 등 먹는 것이 가장 좋다는 설문 조사 결과를 참고하여, 많은 아이를 만나는 것이 목표인 1차 방문일 경우, 여름에는 아이스크림을 봄·가을에는 초코과자나 막대사탕 등을 준비해서 나갔다.

2차 방문할 때는 휴대용 티슈나 물티슈 그리고 일회용 밴드에 컴앤씨 스티커를 붙여서 전도 물품을 준비했다. 일회용 밴드도 인기가 많았다. 2차 방문 역시 많은 인원을 만나는 것이 목표이기 때문에 가볍게 나누어 줄 수 있는 전도 물품을 고민하게 되었고, 컴앤씨를 알리기 위해서 홍보 문구를 넣은 스티커가 필요하다.

이런 전도 물품은 교회에서 지원받은 것이 아니라 교사가 마음을 모아서 준비했다. 특별히 마음은 있으나 전도 나갈 수 없는 선생님들께서 전도 팀에 식사 거르지 말라고 식사비를 챙겨 주기도 했다.

3차 전도는 초청 대상자를 집중으로 만나는 것이 목표다. 이때는 초대장을 가지고 나간다. 초대장을 나눠 주는 이유는 오는 아이들의 인적 사항을 파악해 계속적으로 전도하기 위해서다. 친구들이 초대장에 인적 사항

친구들이 가져온 초대장과 간식을 교환해 주도록 한다.

을 적어서 당일에 가지고 올 확률은 제로. 그래서 초대장을 반드시 가져와야 할 이유를 만들었다. 초대장을 가져와서 접수하는 친구들에게 그들의 초대장과 간식을 교환해 주도록 한 것이다. 2012년에는 아이스크림, 2013년도에는 L사의 햄버거 세트, 2014년도에는 M사의 햄버거 세트를 주었다. 어떻게 보면 참 유치한 방법이지만 아이들의 눈높이에서 보면 먹는 것만큼 중요한 것이 없다. 이 간식 비용도 교사가 십시일반으로 감당하였다.

컴앤씨에 온 이유가 간식 때문이라는 설문의 답들도 있었다. 이렇게 간식 때문에 온 친구들이 언젠가는 주님을 만날 것이고, 옛날에 성만교회에 햄버거 먹으러 행사에 간 것이 처음 교회를 알았던 것이라며 고백할 날이 있을 것이라는 믿음으로 우리는 이 일이 사명이라 생각하며 준비할 수 있었다.

학교 앞 전도를 나가면 처음에는 자기 이름을 부르면 창피하다고 저 멀리로 돌아가는 아이들도 있었지만 이제는 전도하는 교사의 모습이 보이면 멀리서 "쌤!!" 하고 큰 소리로 부르며 달려온다.

## 홍보팀

홍보팀의 활동은 전도팀과 영역이 많은 부분 겹친다. 컴앤씨를 홍보하는 것이 곧 전도이기 때문이다. 학교 앞 전도 외에도 온라인 홍보 방법을 통해 많은 친구에게 컴앤씨를 알릴 수 있었다.

### ★ 온라인 홍보 방법

당장 만나

요즘 친구들은 컴퓨터와 스마트폰에 친숙하기 때문에 이런 매체를 이용해서 할 수 있는 방법을 고민하였다. 아이들이 많이 접속하고 쉽게 접근할 수 있는 인터넷을 활용하여 홍보 사이트인 "당장 만나"를 개설해서 누구든지 글을 올리면 그 반 전체에 간식을 쏘는 이벤트를 실

그들의 초대장과 간식을 교환해 주도록 한다.

시하였다. 2012년에 시작한 것으로 그 해의 컴앤씨의 컨셉과 연상될 수 있도록 사이트 이름을 정했다. 중고등부 친구들한테 고민이나 재미있었던 이야기 등을 올리라고 하면서 자연스럽게 컴앤씨가 홍보될 수 있도록 유도하고, 반 전체를 만나는 기회를 만들 수 있었다. 반 전체에 간식을 쏜다는 것은 교내 방문을 의미하는데, 사전에 담임 선생님의 허락을 반드시 받도록 하고(아이들이 하도록 한다) 정확한 시간을 약속한 후에 방문해야 한다. 학교에 따라 방문할 수 없는 곳도 있으니 사전 조사는 필수!

**기프티콘 이벤트** 친구들이 많이 사용하는 SNS(페이스북, 카카오스토리)를 이용한 홍보 방법이다. 먼저 페이스북에 컴앤씨 페이지를 만들어 온라인 홍보를 한다. 그리고 팥빙수 기프티콘 이벤트를 만들었는데, 각자가 SNS에서 검색하여 컴앤씨 페이지 좋아요를 누르고(카스의 경우 친구 추가) 이벤트 게시물을 자신의 페이지에 공유하는 것이다. 그리고 자신의 페이지에 공유한 이벤트 게시물에 좋아요 50개를 먼저 받는 사람에게 선착순으로 까페베네 팥빙수를 주었다. 이러한 이벤트는 다양하게 시도할 수 있다.

**SNS에 사진올리기** 실상 기대만큼 효과가 없어 실망도 했었다. 그렇지만 어느 날 조용하던 페이스북 알림이 시끄러워지기 시작했는데 그것은 바로 전도할 때 찍었던 사진을 게시하면서부터인 것 같다.

전도 일정을 먼저 게시한 뒤 그 만남의 순간들을 함께 나누었더니 이전과 다르게 "너네 아니냐", "나도 어제 봤다"는 댓글이 달리기 시작했다. 그러더니 서로 태그하며 좋아요와 댓글이 빠른 속도로 달리기 시작하여 게시물을 본 총 사람의 수가 9,000명이나 되었다. 주변 친구들이 관심을 보이기 시작한 것이었고 심지어 본인의 학교에는 언제 올 수 있느냐는 요청까지 있었다.

또한 SNS를 연계해서 전도팀과 함께 반으로 찾아가는 전도 이벤트도 한다. 참여도를 높이기 위해 아주 쉬운 설문을 게시하여 댓글을 단 친구들 중 몇 명을 선발하여 그 학생의 반으로 간식을 준비해서 찾아가는 것이다. 이를 위해서는 반드시 교실을 방문할 수 있어야 하고 사전에 담임 선생님의 허락이 있었는지를 알아보아야 한다. 혹시 교실 방문이 불가한 학교는 방과 후 시간을 이용하여 교문 밖에서 만나면 된다. 교실에 방문하면 인사 ➡ 컴앤씨 소개 ➡ 인터뷰 ➡ 간식 및 초청장 전달 ➡ 인증샷 순서로 진행하고 이 내용도 반드시 SNS에 게시한다.

컴앤씨 사후 설문 조사 결과 컴앤씨를 알게 된 경로는 첫째 친구를 통해, 둘째 학교 앞 전도를 통해서다. 그렇다면 컴앤씨에 대한 정보는 어디서 얻었을까? 첫째가 학교 앞에서 간식을 나눠 주던 선생님들을 통해서고 둘째는 SNS를 통해서다. 가장 효과적인 홍보 방법은 학교 앞에 간식을 가지고 나가서 자주 만나는 것과 SNS를 이용한 홍보라는 것이다.

① 게시물 하나가 HIT를 치기 시작! ------------->   ② 그 이후로 활성화되기 시작한 페이지

유지연 야마지막너네아님...?; 시우
2014년 4월 21일 오후 7:25 · 좋아요

118명이 좋아합니다.

전도 일정을 먼저 게시한 뒤 그 만남의 순간을 함께 나누었더니 이전과 다르게 "너네
아니냐", "나도 어제봤어" 라는 댓글이 달리기 시작했다. 그러더니 서로 태그를 하며
좋아요와 댓글이 빠른 속도로 달리기 시작하여 게시물을 본 총 사람의 수가 9천 명이
나 되었다.

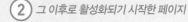

**Tip** 답변하기 정말 쉽고 간단한 질문을 하라!
경품은 구체적으로 이야기하라.

썸띵데이님이 새로운 사진 2장을 추가했습니다.
2014년 10월 30일 · 

[댓글이벤트]
마지막 이벤트 딱 두명 자이언트 츄파춥스(아이 머리만한)
+ 반전체 츄파춥스 쏩니다 ... 더 보기

네모 안에 들어갈 말을 댓글로 작성해주세요.

내 꿈은 [          ] 입니다.

상품 ➡
자이언트 츄파춥스
+
반전체 츄파춥스

20명이 좋아합니다.

김경문 내꿈은 체육선생님입니다!!
2014년 10월 30일 오전 12:35 · 수정됨 · 좋아요 · 👍2
이정현 내꿈은 생화학연구원입니다☆
2014년 10월 30일 오전 12:35 · 좋아요 · 👍3

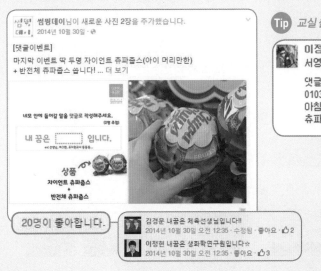

**Tip** 교실 출입이 가능한지 협의하기

이정민
서영학생 썸띵데이페이지관리자에요ㅎㅎ

댓글이벤트당첨되서 메세지보내용^^
01031285863
아침에일어나면 연락주세요
츄파춥스 바로배달갈니당ㅎㅎ

백서영
오늘 배달 오는거에요??

이정민
넵ㅎㅎ 쉬는시간 이나 점심시간!ㅎ

교실에 방문하면 인사 ➡ 컴앤씨 소개 ➡ 인터뷰 ➡ 간식
및 초청장 전달 ➡ 인증샷 순서로 진행하고 이 내용도 반
드시 SNS에 게시한다.

### 오프라인 홍보 방법

오프라인 홍보 방법은 자연스레 전도 활동과 연결되었다. 학교 앞 전도를 나갈 때 교사 단체티를 제작하여 입고 나가는 것, 더운 여름에 홍보용 부채를 제작하여 나누어 준 것, 전도 물품에 홍보용 스티커를 부착한 것 등이다.

학교 앞 패스트푸드점이나 편의점, 분식점에 양해를 구해서 포스터를 부착하기도 했다. 운동장에서 농구하는 아이들이 있으면 함께 가서 게임을 하며 자연스럽게 전도하고, 쓰레기를 분리 수거하는 친구들 일을 거들며 컴앤씨 이야기를 나누기도 했다. 교사의 개인 차량에 포스터를 붙이거나, "당장 만나" 게시판을 통해 반 전체에 간식을 주면서 홍보했다.

### 홍보물 제작

주제에 맞는 각종 홍보물을 일정에 맞추어 제작하여 교회 안과 외부 홍보, 전도팀에서 사용할 수 있도록 한다.

### 프로필 사진 통일

어떤 행사든 주님 안에서 한마음으로 한 방향으로 움직이는 것이 정말 중요하다. 서로의 의사를 존중하며 나의 고집만 내세우지 않고 칭찬하고 격려하면서 힘을 북돋웠다. 교사가 먼저 개인 프로필 사진을 매일매일 바꿀 수 있도록 준비하여 언제 어디서든 항상 생각하도록 하였다. 학생들에게도 프로필 사진을 공유하게 하여 홍보 효과를 얻을 수 있다.

오프라인 홍보물

홍보팀의 활동은 전도팀과 영역이 많은 부분 겹친다. 컴앤씨를 홍보하는 것이 곧 전도이기 때문이다.
학교 앞 전도 외에도 온라인 홍보 방법을 통해 많은 친구들에게 컴앤씨를 알릴 수 있었다.

**1** 초대장 간식교환권(앞,뒤)

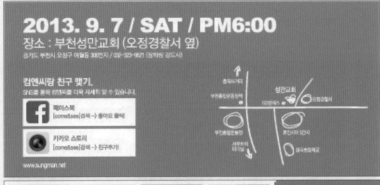

**2** 일정 홍보 스티커

**3** 프로필 사진

**4** 홍보 물티슈 라벨

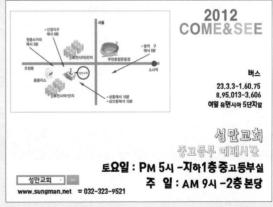

**5** 현수막

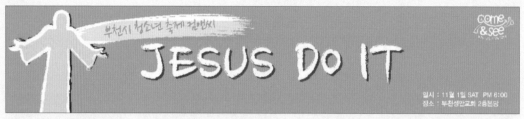

**6** X배너

**7** 포스터

# 기도팀

모든 준비 과정, 행사, 사후 관리까지 가장 밑바탕이 되는 것은 기도다. 기도팀에서는 한마음으로 기도할 수 있도록 릴레이 기도표를 만들었는데, 기도 내용을 상세하게 적어서 준비했다. 교사들은 함께 새벽 예배, 철야 예배를 통해서 주님께 지혜를 구하고 모든 과정을 우리의 생각으로 하지 않도록 중보하였다. 비록 교사 내에서는 진행의 원활함을 위해 기도팀을 별도로 만들었지만 학생들은 모두 기도 팀원이면서 다른 한 팀을 지원하여 움직이도록 한다.

### ★ 기도 스티커

컴앤씨를 위해 기도로 준비할 수 있도록 X배너를 준비했다. 그리고 기도한 뒤 배너의 그림 안에 스티커를 한 개씩 붙이도록 했다. 중고등부 친구들이 언제든 교회에 와서 기도하며 완성하는 미션이었다.

교회에 와서 기도한 뒤 스티커 한 개를 X배너에 붙였다.

### ★ 릴레이 금식 기도

#### 기도 제목

1. 컴앤씨가 하나님이 함께하시고 기뻐하시는 행사가 되도록
2. 많은 학생에게 복음을 전하는 행사가 되도록
3. 아이들과 우리가 복음을 전할 때 성령님이 역사하셔서 복음을 듣는 사람마다 주님께 나오기를
4. 목표 인원 이상이 컴앤씨에 참석할 수 있도록

5. 1인 1명 이상 전도할 수 있도록

6. 컴앤씨를 통해 교회에 온 아이들이 잘 정착하고, 중고등부가 영적, 질적으로 부흥할 수 있도록

7. 각 팀마다 준비하는 모든 프로그램이 완벽하게 준비될 수 있도록

8. 우리 아이들이 컴앤씨를 준비하면서 주님을 만나고 신앙이 성장할 수 있도록

9. 교사가 먼저 주님이 주시는 사랑과 지혜로 컴앤씨를 준비할 수 있도록

10. 목사님께서 말씀 전하실 때 능력의 말씀이 선포될 수 있도록

11. 당일 좋은 날씨와 환경을 위해서

**Sample** 중고등부 COME & SEE 릴레이 금식 기도표

| 9/9(일) 컴앤씨 | 8/27(월) | 8/28화 | 8/29(수) | 8/30(목) | 8/31(금) | 9/1(토) |
|---|---|---|---|---|---|---|
| 우리 모두 아침 금식 ^^ | 아침ㅣ김민지<br>점심ㅣ정우<br>저녁ㅣ박동일 | 아침ㅣ강학구<br>점심ㅣ김다현<br>저녁ㅣ김민자 | 아침ㅣ한현석<br>점심ㅣ김욱진<br>저녁ㅣ김유정 | 아침ㅣ김윤경<br>점심ㅣ김은주<br>저녁ㅣ김창수 | 아침ㅣ김회남<br>점심ㅣ김희자<br>저녁ㅣ나찬미 | 아침ㅣ민순기<br>점심ㅣ박동일<br>저녁ㅣ박현우 |
| 9/2(일) | 9/3(월) | 9/4(화) | 9/5(수) | 9/6(목) | 9/7(금) | 9/8(토) |
| 아침ㅣ남승<br>점심ㅣ배상환<br>저녁ㅣ배수미 | 아침ㅣ박철순<br>점심ㅣ이상호<br>저녁ㅣ김다현 | 아침ㅣ이은나<br>점심ㅣ김현임<br>저녁ㅣ이효생 | 아침ㅣ전보미<br>점심ㅣ정우<br>저녁ㅣ임재우 | 아침ㅣ최지현<br>점심ㅣ장현우<br>저녁ㅣ배상환 | 아침ㅣ김윤경<br>점심ㅣ배수미<br>저녁ㅣ이효생 | 아침ㅣ전보미<br>점심ㅣ이슬기<br>저녁ㅣ박동일 |

기도드립니다.

# 진행팀

진행팀은 행사 당일 프로그램을 가장 근본적인 메시지, 복음 전파에 초점을 맞추었다. 초대받은 친구들이 편하게 받아들일 수 있도록 주제에 맞게 계획하였고, 각 코너별로 담당 교사를 선정하고 학생들의 지원을 통해 인원을 구성하여 일정에 따라 연습했다.

## ★ 전체 일정 계획

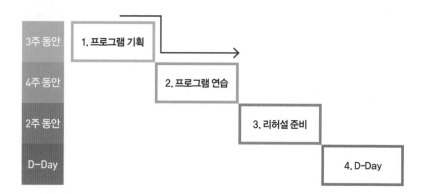

(1) **프로그램 기획** 주제 및 타이틀을 팀원과 공유하며 각 순서마다 콘셉트를 설정한 후에 세부 프로그램을 선정하고 지도 교사와 참여 학생을 모집하는 기간으로 3주 동안 진행된다.

(2) **프로그램 연습** 4주 동안 프로그램 별 계획에 따라 연습한다. 이때 팀장은 각 연습 시간 및 장소를 조율하는 역할을 하며 봉사팀과 함께 간식도 준비한다. 연습 마지막 주간에는 리허설 일정을 잡아서 공지한 후 Q-sheet 가안을 작성한다.

(3) **리허설 준비** 2주 동안 방송팀의 협조를 받아 리허설을 진행한다. 음향, 영상, 조명, 사진 촬영, 메이크업, 의상 등 세부 사항 체크하고, 최종 Q-sheet를 작성한다.

(4) **D-day** 시작 3시간 전에는 반드시 최종 리허설을 실시한다.

**Q-sheet 및 세부 내용** (2013년도 실시 예)

사회 : 김태환, 장유정

| 진행<br>순서 | Program Title<br>(Tools, Teacher) | 인원 | Note | Time | 무대 연출(조명, 영상, 음악, 기타 효과) |
|---|---|---|---|---|---|
| 준비<br>찬양 | 배상환 쌤 | 6명 | | 10분 | **1** 무대 조명 & 준비 찬양 가사 영상 출력 |
| 대표<br>기도 | 남학생 대표<br>– 조광익(학생회장) | 1명 | | 1분 | **1** 사회자 단상 조명 & 무대 단상 암전 |
| 영상<br>1 | Welcome to C&S?<br>– 유승한 쌤 | 8명 | 환영 영상 | 2분 | **1** 무대 암전 상태<br>**2** 영상 시작 |
| 사회자<br>진행 | 사회자 진행 | | 환영 인사 및 밴드 소개 | 1분<br>30초 | **1** 사회자 단상 조명 & 무대 단상 암전 |
| 프로<br>그램<br>1 | 밴드 – 총 3곡<br>바운스<br>사랑하기 때문에<br>– 최지현, 장현우 쌤<br>이소망 외 31명 | 25명 | | 10분 | **1** 음악 시작과 함께 무대 조명 & 영상<br>(가사 및 WAVE영상)<br>**2** 음악에 맞추어 포인트 조명 |
| 사회자<br>진행 | | | Worship 소개 | 30초 | **1** 사회자 단상 조명 & 무대 단상 암전<br>**2** 다음 출연진 준비 및 무대 세팅 |
| 프로<br>그램<br>2 | Worship<br>People of god<br>Fetish<br>– 민순기, 김민지 쌤 | 13명 | People of God<br>⊙ http://bit.ly/1L8nDyR<br><br>Fetish<br>⊙ http://bit.ly/1WB2aT2 | 7분 | **1** 무대 약한 조명<br>**2** 무대 등장<br>**3** 음악 시작<br>**4** 음악에 맞추어 신나는 조명 |
| 영상2<br>or<br>사회자<br>진행 | 간증 영상<br>– 김유정, 전보미 | | 간증 영상 편지<br>or 사회자 편지 | 1분<br>30초 | **1** 무대 암전<br>**2** 간증 영상 시작 or 사회자 낭독<br>**3** 다음 출연진 준비 및 무대 세팅 |
| 프로<br>그램<br>3 | Drama<br>– 김다현 쌤<br>신태윤, 이창영, 김태환,<br>최희영, 이진원 | 10명 | PK 동행<br>⊙ http://bit.ly/1FMaQlk | 8분 | **1** 무대 암전<br>**2** 음악 시작과 동시에 화이트 조명 시작<br>1:30  to god~ 옐로우 느낌의 조명<br>2:24  사단 등장 – 화이트 조명에서 블루 or 파란 조명<br>7:47  칼로 무찌르는 Sceen에서 다시 옐로우 조명<br>3:45  피아노 소리 시작과 동시에 기본 화이트 조명<br>어두워지고 보라색 조명<br>5:01  사이키 조명(보라색 조명과 함께) ➡ 스모그 많이<br>5:26  싸이키 out, 화이트 조명<br>5:43  어두운 기본 조명 + 노란색 or 붉은색 |

| 사회자<br>진행 | | | 현장 참여 코너 소개<br>빠빠빠, 컴앤씨 팝, | 1분 | 1 사회자 단상 조명 & 무대 단상 암전 |
|---|---|---|---|---|---|
| 프로<br>그램<br>4 | 현장 참여 코너<br>- 컴앤씨 빠빠빠<br>- 정우, 조아영, 이정민,<br>- 유승환 쌤<br>- 김승훈, 김용기, 신태양 | 5명 | 사회자 – 현장 참여 코너<br>진행<br>컴앤씨팝, 빠빠빠<br>🔗http://bit.ly/1QONRXl | 10분 | 1 컴앤씨 소개에 맞춰 - 무대 조명 및 음악 시작!<br>2 음악에 맞추어 신나는 조명(사이키)<br>3 무대 퍼포먼스 중, 화면에서 객석 화면 송출<br>　(3번 카메라 담당자와 방송팀 호흡 - 3개 팀만 송출)<br>4 음악 끝나면 사회자 무대 단상으로 올라옴<br>　- 현장 참여 코너 진행<br>5 사회자 진행에 맞춰 음악 시작! - Get Set<br>　Ready부분 시작! 음악!<br>6 사회자의 진행에 맞춰 음악 끝!<br>7 사회자 코너 마무리<br>　Jumping 참여자들 및 빠빠빠 팀 퇴장<br>8 사회자 단상으로 옮겨서 진행 무대<br>　- 무대 쪽은 약한 조명으로 |
| 사회자<br>진행 | | | 블랙 라이트 소개 | | 1 사회자 단상 조명 & 무대 단상 암전<br>2 다음 출연진 준비 및 무대 셋팅 |
| 프로<br>그램<br>5 | 블랙 라이트<br>숫자송<br>우리 때문에<br>- 박보연 | 13명 | 숫자송<br>🔗http://bit.ly/1VrRCsg<br>우리 때문에<br>🔗http://bit.ly/1P8zSNF | 6분 | 1 모든 조명 암전<br>2 블랙 라이트 On<br>3 음악 시작과 함께 블랙 라이트 마임극 시작<br>　정면에서 촬영 - 나중에 홍보용으로 사용 |
| 영상 3 | Most 영상<br>- 김영완, 정 우 쌤 | | Most 편집 영상<br>🔗http://bit.ly/1FMaYkG | 7분 | 1 무대 암전<br>2 영상 시작<br>3 암전 상태 유지 |
| 프로<br>그램 6 | 목사님 말씀<br>목사님 축복 기도 | | | 20분 | 1 암전 상태에서 목사님 등장에 맞추어 무대 전<br>체 조명으로 전환 |
| 영상4<br>전체<br>찬양 | Thanks to 영상<br>- 김영완 쌤 | | | 3분 | 1 무대 암전<br>2 영상 시작<br>3 전체 학생들 무대로 합창 준비 |
| 사회자<br>진행 | | | 합창 소개 및 마무리 | 30초 | 무대 전체 조명 |
| 프로<br>그램 9 | 중고등부 전체 감사 찬양<br>- 배상환, 나재호 쌤 | 중고등부<br>전체 | 돌아서지 않으리 | 4분 | 1 영상이 끝나고 무대 전체 조명<br>2 합창 음악 시작 |
| 프로그램 10 | 경품 추첨 및 간식 | | | 20분 | 1 무대 전체 조명 |

# Let It Be

**1**

가을에는 걷기 좋은 예쁜 길이 참 많죠
지리산 둘레길 제주도 올레길
덕수궁의 돌담길과 이태원 경리단길
그 중 제일 걷고 싶은 길은 퇴근길

**다같이**
컴백 홈 컴백 홈 컴백 홈
(부장님 : 자 오늘 야근이야)
터질 것 같은 내 심장 컴백홈

**2**

어렸을 때 우리아빠 이렇게 말씀하셨죠
우리 딸은 미스코리아 될 거야
미스코리아 된 내 모습 상상하곤 했었죠
근데 지금은 그냥 미스리

**다같이**
미스 리 미스 리 미스 리 미스 리
성을 코리아로 바꿀까 미스 코리아

**3**

이대리 지금 몇 시야 오늘 또 지각이야
지각을 밥 먹듯이 하는구먼
부장님 정말 죄송해요 사정이 있었어요
빨리나왔는데

**둘이 같이**
차가 막혔어요
어머니가 아프셔서
요 앞 사거리 접촉 사고

**다같이**
안 통하네 안 통하네 안 통하네 안 통하네
이~대리~는 오늘 야근해!

**4**

어릴 적엔 나도 한때 주일학교 다녔죠
찬송하고 율동하고 수련회 갔죠
은혜받고 방언받고 새벽 기도 다녔죠
성경도 잘 찾았었죠 지금은~?

**나레이션**
아히요와 사삭과 여레못과 스바댜와 아랏과 에델
과 미가엘과 이스바와 요하는…
(역대상 8:14~)

**다같이**
외국어~ 외국어~ 외국어~ 외국어~
성경책은 내게 제3외국어~~우~~~~

**5**

하도 맘이 쓸쓸해서 교회 다니러 왔죠
말씀 보고 듣고 기도도 드리고
예배 중엔 은혜 가득, 성령 충만하죠,
그 중 제일 가득한 건 교회 오빠

다같이
잘 생겼다 잘 생겼다 잘 생겼다 잘 생겼다
성령충만 은혜충만 NO 사심충만 우~~~

**6**

처음으로 나온 교회 앉으니 잠이 오네요
눈을 뜨니 바구니가 지나가네요
사람들은 파란 봉투 모두 넣고 있었죠
놀란 나도 빨리 집어서 얼른 넣었죠

다같이
교회 주보 교회 주보 교회 주보 교회 주보
이건 넣는 게 아니에요 보는 거에요 우~~~
(준비물 : 바구니, 주보, 헌금봉투)

**7**

전도되어 나온 교회 이것 저것 말하네
그런데 나도 왕년엔 좀 날렸어요
성가대도 했었구요 헌금도 팍팍 했구요
중고등부 회장에다 청년부 임원도

다같이
그만해 그만해 그만해 그만해
우리 모두 왕년 이야기 이제 그만해
이제는 새롭게 여기서 해봐요
우리 성만교회에서
여기 성만교회에서
함께해 봐요

# 사람은 무엇으로 사는가

**출연**  | 대학생 | 아빠 | 엄마 |
| 삼촌 | 학생1 | 학생2 |

(경쾌한 음악 소리)

음악 꺼지면 대학생, 삼촌, 아빠, 엄마 순서대로 동작을 멈춘 상태로 서 있다.
우측에 책상과 학생1 앉아 있다.

**자막**     사람은 무엇으로 사는가?

**학생1**   아, 진짜 이번 숙제는 너무 어려워. 숙제가 이게 뭐야.
(천천히 또박또박) 사람은 무엇으로 사는가?
이게 중학생이 하는 숙제가 맞는 거냐고. 우리가 무슨 철학자인가!
근데 정말 사람은 무엇으로 살지?

**대학생**   멈춘 동작을 풀며

**대학생**   (정면을 보고) 사람은 무엇으로 사냐고?
바야흐로 지금이 무슨 시대야. 스펙으로 사는 스펙의 시대잖아.
사람은 다 이 스펙이 지켜 주는 거야. 좋은 대학, 토익점수, 그리고 좋은
가문. 이런 스펙들이 나를 지키고, 살게 한다고.
(대사 마치면 그 동작에서 자연스럽게 멈춘다)

**삼촌**     멈춘 동작을 풀며

**삼촌**     (정면을 보고 전화하고 있다) 어~~ 자기~! 점심 먹었냐고? 먹었지. 어어.
부대찌개 먹었어. 자기는? 어어~

나의 사랑을 먹었어? 나도 한 끼 더 먹어야겠다. 자기 마음속에서
사랑으로 한 끼 더 먹어야겠다. 그럼 사랑하지.
소리쳐 달라고? 여기서 …
(정면보고 작은 목소리로) 왠지 여기 누군가가 다 듣고 있는 거 같아.
알겠어. 사랑해
(전화 끊으면서) 이런 사랑이 나를 지키고 살게 한다는 거지.
(정면 보며) 안 그래요?
(대사 마치면 그 동작에서 자연스럽게 멈춘다)

**아빠**   멈춘 동작을 풀며

**아빠**   (정면을 보고) 사람이 무엇으로 사냐구요. 뭐니 뭐니 해도 이 머니가
최고죠. 그러기 위해서 전 이름만 말해도 다들 입이 벌어질 정도의
직장에 들어갔구요. 이번에 분기 때 승진까지 하면 정말!!
(감격하며) 이런 돈과 명예가 나를 지키고 살게 하는 거죠
(대사 마치면 그 동작에서 자연스럽게 멈춘다)

**엄마**   멈춘 동작을 풀며

**엄마**   (정면을 보고) 사람이 무엇으로 사냐구요.
(탁상용 액자 쳐다보며) 저는 사랑하는 제 남편과 또 제 자식이
저를 살게 하죠. 사실 이 아들 녀석만 보면 없던 힘도 생기거든요.
남편은 … (한숨 쉬고) 그래도 돈은 벌어오잖아요.

**대학생**   엄마 이거 냉장고에 있는 고기 너무 오래된 거 아냐? 버린다~
**엄마**   그거 버리려구? (잠깐 텀 주고) 놔둬. 너희 아빠 주게.
아빠는 그런 거 좋아해.

모두 동작 다시 멈춘다

**학생1**   음…. 정말 이런 것들이 사람을 살게 할까?

**대학생**  멈춘 동작을 풀며

**대학생**  (정면을 보며) 아… 그렇게 열심히 준비 했는데 토익점수가 이게 뭐람.
거기다가 입사 원서는 1차에서 탈락이라니. 대체 합격 기준이 뭐야? 난
이제 어떻게 살지?
(한숨 쉬며 고개 숙인다)

**삼촌**  멈춘 동작을 풀며

**삼촌**  (정면을 보며 전화하고 있다) 어~~자기~! 점심 먹었냐고? 먹었지~ 자기
사랑 먹었지. 어? 지금 장난하냐고?
왜 그래~. 어? 헤어지자고…. 아니 자기야 갑자기 왜 그래?
여보세요? 여보세요? (전화 끊김)
이렇게 나를 떠나면, 휴… 난 이제 어떻게 살지?
(한숨 쉬며 고개 숙인다)

**아빠**  멈춘 동작을 풀며

**아빠**  (정면을 보며 한숨을 쉰다) 이번엔 꼭 승진할 줄 알았는데….
(전화를 받으며) 여보세요. 나야, 여보. 집에 가고 있지. 승진?
음, 다음에 다시 해봐야 할 것 같아. 다음에는 꼭 내 차례 될 거야.
어어… 미안해, 여보. 그리고 나 집에 좀 늦을 것 같아.
갑자기 회사에 놓고 온 게 생각나서 다시 가보려고.
좀 늦을지 모르니깐 피곤하면 먼저 자고 있어. 알겠어. (전화 끊는다)
집에 갈 면목이 없네. 휴… 난 이제 어떻게 살지?
(한숨 쉬며 고개 숙인다)

**엄마**  멈춘 동작을 풀며

**엄마**  (정면을 보며) 또 안됐다고…. 에휴, 그렇지 뭐…. 그래도 고생하는데
저녁이나 차려 둬야겠네.
(전화 받는다) 여보세요. 광익이 엄마? 이 시간에 웬일이야?

뭐? 광익이 아빠가 승진을 했어? 광익이는 1등을 했다고?
아, 그래. 응… 응… 알겠으니깐 그만 끊어. 자랑 다했잖아.
(전화 끊고) 이것들은 왜 안 들어와!!! 다들 들어오기만 해!!!
내 팔자야. 남편복도 없는데 자식복은 더 없어.
아이고 내가 못 살아 못살아~!! 난 이제 어떻게 살지?
(한숨 쉬며 고개 숙인다)

학생1    아… 정말 모르겠다. 사람은 진짜 무엇으로 살지? 휴~

학생2    등장

학생2    기쁨아 뭐해?
학생1    나 사회 숙제. 넌 다했어? 사람은 무엇으로 사는가?
학생2    나는 했지. 그런데 책 보고 했어. 책에 나와 있더라구
학생1    무슨 책에?
학생2    (책을 보여 주며) 톨스토이 단편집에 있는 글인데
         "사람은 무엇으로 사는가"가 제목이야.
학생1    진짜? 뭐라고 나왔어?

학생1    일어나며 학생2와 책을 같이 본다.

자막     우리의 스펙과 사람의 사랑과 돈과 명예
         그리고 우리의 자녀는 우리를 지켜 주지 못합니다.
         우리를 지켜 줄 수 있는 것은 오직 예수님의 은혜뿐입니다.
         우리는 예수님의 은혜로만 살 수 있습니다.

학생1    우와! 드디어 할 수 있겠다. 숙제 끝!!!

# 봉사팀

## 필요 인원 및 역할

교사 : 10~15명(간식 준비와 안내 예절 교육)

학생 : 15~20명(환영 피켓 제작, 당일 환영 인사, 프로그램 진행 도우미)

## ★ 주요 활동 내용

다른 팀이 열심히 기도, 홍보, 전도, 프로그램 연습에 힘쓸 때 교회 식당 봉사, 교회 주변 청소 등을 한다. 교회 내 홍보를 돕기도 하고 환영 인사와 표정, 예절 교육을 받아 행사 당일에 봉사한다. 당일에는 행사 3시간 전에 모여 기도 후, 각자 정해진 위치에서 환영 문구가 적힌 피켓을 들고 있거나 본당으로의 안내, 간식 준비 및 배분의 활동을 하게 된다. 또한 봉사팀에서는 사전에 여선교회에 당일 행사 전 준비하는 모든 인원이 식사할 수 있도록 협조를 구해서 행사가 원활하게 움직이도록 하고 있다.

092

## 행사 당일과 이후

친구들의 주소를 사전 파악하여 집이 너무 멀거나 버스를 타고 오기 어려운 친구를 우선으로 탑승 장소와 시간을 정하여 차량 운행을 위한 버스노선 지도를 만들었다. 접수대에 노트북 3대를 놓고 방문 학생들의 인적사항을 현장에서 입력하는 방식을 시도했다. 접수를 받는 사람들은 중고등부 전체를 파악할 수 있는 새신자팀을 위주로 구성하였다. 또한 안내팀을 구성하여서 접수한 학생들을 본당까지 안내했다. 자가용 주차 공간에 아이들의 자가용인 자전거를 주차할 수 있도록 도왔다.

## 차량운행

다양한 방법으로 전도한 친구들이 행사에 많이 올 수 있도록 차량을 운행했다. 새로운 친구들의 주소를 사전 파악하여 집이 너무 멀거나 버스를 타고 오기 어려운 친구를 우선으로 탑승 장소와 시간을 정하여 버스 노선 지도를 만들었다. 이 지도를 일주일 전부터 알려 주며 탑승 인원을 파악하였다. 버스에는 반드시 교사 한 명이 동승하여 약속한 친구들이 오지 않을 경우 신속하게 교사들과 통화하여 상황을 대처하여야 한다. 버스가 갈 수 없는 지역에는 교회 승합차와 교사 자가용까지 총동원하여 한 명이라도 더 올 수 있게 준비했다. 행사 후에는 자유롭게 친구들과 간식을 먹으며 어울려 귀가하는 방향으로 한다.

## 접수와 안내, 자전거 주차

방문 학생들의 인적 사항을 수기로 받았던 기존과 달리 접수대에 노트북 3대를 놓고 현장에서 입력하는 방식을 시도했다. 빠른 시간에 취합하고 동시에 피드백을 하기 위해서였다. 초대장에 인적 사항을 써서 가지고 오면 접수를 받는 사람이 바로바로 입력하는 시스템이다. 이렇게 신속하게 입력하였기에, 행사 바로 다음 날 단체 문자 발송 사이트를 이용하여 방문 감사 문자를 보낼 수 있었다.

접수를 받는 사람들은 중고등부 전체를 파악할 수 있는 새신자팀을 위주로 구성되었다. 또한 안내팀을 구성하여서 접수한 학생들을 본당까지 안내했다. 안내팀은 접수대 주변뿐만 아니라 계단, 본당 밖, 본당 앞 로비, 본당 안까지 안내할 장소를 미리 정해 주고 학생들이 오는 순서대로 앞좌석부터 채워서 앉을 수 있게 준비시켰다.

접수팀과 안내팀이 각자의 역할을 하는 동안 청년 교사 몇 명과 교회 주차 봉사팀의 협력으로 이루어진 주차팀에서는 방문하는 친구들의 안전을 위하여 교회 근처 횡단보도마다 대기하여 아이들을 인솔하고, 자가용 주차 공간에 아이들의 자가용인 자전거를 주차할 수 있도록 도왔다.

1 교회 주변 안전 요원 배치
2 자전거 주차장
3 당일 접수 장면

# 프로그램 진행

## ★ 2014 컴앤씨 당일 타임 테이블

### 프로그램팀

| 시간 | 내용 | 소요 | 비고 | 진행 |
|---|---|---|---|---|
| ~ 11:00 | 모임 | | | |
| 11:00 ~ 11:10 | 준비 기도 | 10분 | | 담당 교역자 |
| 11:10 ~ 13:50 | 본당 리허설 | 140분 | 팀별 리허설 자체적으로 실시<br>(유치부실, 중예배실, 소예배실, 영아부실 등) | 배상환 간사 및 방송팀<br>※도우미: 스텝<br>(팀별 리허설 안내) |
| 13:50 ~ 14:20 | 식사 | 30분 | 식당 | 윤미경 집사 외<br>봉사팀 준비 |
| 14:20 ~ 16:00 | 본당 리허설 | 100분 | 팀별 리허설 자체적으로 실시<br>(유치부실, 중예배실, 소예배실, 영아부실 등) | 배상환 간사 및 방송팀<br>※도우미: 스텝<br>(팀별 리허설 안내) |
| 16:00 ~ 17:00 | 본당 | 60분 | 팀별 동선 체크 | |
| 17:00 ~ 17:30 | 휴식 및<br>친구 연락 | 30분 | 휴식 및 친구 연락 | |
| 17:30 ~ | 본당 개방 | | 컴앤씨 준비 영상 상영 | |
| 17:50 ~ | 준비 찬양 | | 프로그램 진행 | ※간식 나눔: 도우미 |
| 19:30 ~ 20:00 | 뒷정리 | | | 봉사팀 및 모든 교사 |
| 20:00 ~ 20:10 | 합심 기도회 | 10분 | | 담당 교역자 |
| 20:10 ~ | 귀가 | | | |

## 안내 및 접수팀

**내부 안내:** 접수(김윤경, 김은주, 김유정, 허수정, 이슬기, 민소정, 이다은, 이지혜), **마당**(정우, 박주연), **본당 안 2층**(김창수, 조아영, 박보연, 박수빈, 윤민영, 김민경, 안나래) **준2층**(김욱진, 이현정, 전보미, 김선영, 나찬미, 조희진, 하민수, 강학구, 장유미) 등 인원을 배정해 고유 장소에서 고유 업무를 분장한다. ※접수 후 본당에 들어오셔서 간식 나눔에 동참해 주세요.

**외부 안내:** 안전 요원 – 주차 봉사팀 및 남선교회

| 시간 | 내용 | 소요 | 비고 | 진행 |
|---|---|---|---|---|
| 13:50 ~ 14:20 | 식사 | 30분 | 식당 | 윤미경 집사 외 봉사팀 준비 |
| 14:20 ~ 14:40 | 안내 및 접수 OT | | 역할 분담 및 위치 조정 | 주차 봉사팀(정석승 집사) & 김윤경 집사 |
| 14:40 ~ 17:00 | 본당 | 60분 | 팀별 동선 체크 | 별지 참조 |
| 17:00 ~ 18:30 | 안내 및 접수 | 90분 | 안내 및 접수 | 주차 봉사팀(정석승 집사) & 김윤경 집사 |
| 18:30 ~ 19:20 | 프로그램 참여 | 50분 | 휴식 및 프로그램 관람 | |
| 19:20 ~ 19:50 | 귀가 안내 | 30분 | 귀가 안내 및 외부 정리 | |
| 20:00 ~ 20:10 | 합심 기도회 | 10분 | | 담당 교역자 |
| 20:10 ~ | 귀가 | | | |

## 봉사팀

| 시간 | 내용 | 소요 | 비고 | 진행 |
|---|---|---|---|---|
| ~ 13:30 | 식사 준비 | | 식당 | |
| 13:50 ~ 14:20 | 식사 제공 | | | |
| 14:20 ~ 15:00 | 정리 | | 식당 및 주방 정리 | |
| 15:00 ~ 15:30 | 휴식 | | | |
| 15:30 ~ 16:00 | 휴게실 세팅 | 30분 | 식당 ➡ 휴게실 세팅 간단한 음료, 음악, 조명 | 윤미경 집사 외 봉사팀 준비 |
| 16:00 ~ 18:00 | 휴게실 운영 | 120분 | | |
| 18:00 ~ 18:20 | 휴게실 정리 | 20분 | | |
| 18:30 ~ 19:20 | 프로그램 참여 | 50분 | 휴식 및 프로그램 관람 | |
| 19:30 ~ 20:00 | 뒷정리 | | | 봉사팀 및 모든 교사 |
| 20:00 ~ 20:10 | 합심 기도회 | 10분 | | 담당 교역자 |
| 20:10 ~ | 귀가 | | | |

## 행사를 마치고

행사가 마친 후 학생들의 귀가 시간은 더욱 더 중요하다. 종료 후 많은 인파가 한꺼번에 본당에서 나오기 때문에 각 출입구와 통로에는 교사들이 배치되어 안전하게 귀가하도록 안내하고 친구들에게 작별 인사를 하며 간식도 나눠 준다.

컴앤씨 행사를 마친 후 그 다음날, 접수팀이 노트북에 입력한 학생들의 연락처를 이용하여 방문 감사 내용과 다시 만나자는 내용으로 문자를 발송했다. 행사 다음날까지 꼭 해야 학생들의 머릿속에 기억이 남게 된다. 그리고 이 명단을 가지고 사전에 전도 나가던 방법처럼 참석자 학교별로 다시 방문한다. 컴앤씨가 일회성 행사로 머무는 것이 아니라 방문했던 학생과 지속적인 관계를 유지하기 위해서다. 다음 주에 바로 예배에 참석하여 등록한 학생들을 위해서는 환영 이벤트를 성심껏 준비했다.

> ✂ TIP | 컴앤씨 행사 후 "교사가 도와줄 부분이 있다면?" 하는 설문에 첫째 차량 지원, 둘째 학교 앞에 자주 나타나 주는 것을 답했다. 이처럼 학생들은 교사가 학교 앞에 찾아가면 귀찮다고 반응하지만 사실은 아주 반가워하고 있다.

성인식
소개영상 바로가기

# 성인식

## The Power of One Person

| | |
|---|---|
| **행사 개요** | 중학교를 졸업하고 고등학교에 올라가는 학생들이 하나님 앞에 단독자로 서서, 신앙인의 삶을 결단하는 예배와 여행 |
| **행사 목적** | 1. 성인식을 통해 부모님의 신앙을 떠나 자신의 신앙으로 홀로 서는 기회를 갖는다.<br>2. 그동안 아낌없이 사랑을 받았던 부모님과 하나님의 은혜에 감사하는 기회를 갖게 한다.<br>3. 성인식 여행을 통해 잊지 못할 추억을 만들고 그 과정에서 공동체성을 배운다. |

성인식은 이스라엘의 성인식을 우리나라 상황에 맞게 예배와 여행의 형식으로 변형한 프로그램이다. 중학교를 졸업하는 예비 고1 학생들을 대상으로 학기가 시작하기 전 봄방학에 진행한다. 성인식은 크게 성인식 사전교육, 성인식 예배 그리고 예배를 마친 후 1박 2일로 떠나는 성인식 여행으로 진행된다.

## 성인식 준비

성인식 준비는 크게 성인식 대상자의 사전 교육과 예배 준비, 여행 준비로 나눌 수 있다. 특강과 미션을 수행하며 사전 교육을 받고, 봉헌송을 연습하며 예배를 준비한다.

## 사전 교육

성인식 예배를 기점으로 두 달 전에 예비 고1 성인식 대상자를 파악하고 전체 일정을 조율한다. 성인식 예배를 기점으로 대략 6주 전에 성인식 대상자 전원 첫 모임을 가진다. 첫 모임에서 O.T.를 진행한다. 성인식의 전체적인 일정과 아이들이 해야 할 미션을 나누는 시간이다. 또한 첫 모임에 성인식 여행 참석자를 1차적으로 파악한다. 이것을 바탕으로 성인식 여행을 계획하며 숙소를 정한다. 이때 여행을 갈지 말지 고민하는 아이들은 지속적으로 독려하여 최대한 많은 아이가 함께 여행을 다녀올 수 있도록 하는 것이 좋다.

| 날짜 | | 내용 | 상세설명 | 비고 |
|---|---|---|---|---|
| 1/25(주일) | 예배 후 | 성인식 대상 첫 모임 | 성인식 안내 O.T. | |
| 2/1(주일) | 오후 1시 | 성인식 대상 2차 모임 | 미션, 청소, 특송 안내 | |
| 2/7(토) | 오후 3시 | 성인식 교육 1 | 주제 : 성인식이란? | |
| 2/8(주일) | 오후 1시 | 성인식 교육 2 | 주제 : 비전 | |
| 2/14(토) | 오후 3시 | 성인식 교육 3 | 주제 : 꿈과 직업관 | |

**Sample** 2014 중고등부 성인식 전체 일정표

| 주일 | 월 | 화 | 수 | 목 | 금 | 토 |
|---|---|---|---|---|---|---|
| 18 | 19 | 20 | 21 | 22 | 23 | 24 |
| | 동계 수련회 | | | | | |
| 25<br>대상자 1차 모임 | 26 | 27 | 28 | 29 | 30 | 31 |
| 2/1<br>대상자 2차 모임<br>가정 통신문 발송 | 2 | 3 | 4 | 5 | 6<br>철야 예배 미션 | 7<br>성인식<br>1차 교육 |
| | | 성인식 예배 부모님 참석 독려/확인 →← | | | | |
| 8<br>성인식<br>2차 교육 | 9<br>특새 시작 | 10 | 11 | 12 | 13<br>철야 예배 미션 | 14<br>성인식<br>3차 교육<br>교회 대청소 |
| | | 성인식 예배 부모님 참석 독려/확인 →← | | | | |
| 15<br>성인식 예배 | 16 | 17 | 18 | 19 | 20 | 21 |
| 성인식 여행 | | | | | | |

교회의 신앙 선배에게 듣는 비전 특강

## ★ 성인식 사전 교육

성인식 교육의 비전 특강은 교회에 여러 직업을 가진 신앙 선배의 특강을 듣는 시간이다. 성경적인 직업관은 무엇인지? 우리가 왜 대학을 가고 직장에 들어가야 하는지 등 비전에 대해 생각하고 나누는 시간을 갖는다.

## ★ 성인식 사전 미션

성인식 대상자는 사전 교육 기간 동안 가정과 교회에서 미션을 수행한다. 일명 착한 일하기 미션!

**교회봉사** **교회 청소, 교회 어른 섬기기**

교회에서 어른을 섬기는 미션은 주로 주일에 수행하며 대상은 교회의 모든 어른이다. 봉사 미션을 통해 교회 성도들은 성인식 대상자 아이들의 얼굴을 알 수 있게 된다. 중고등부의 행사인 성인식이 교회 모든 성도가 관심을 갖고 기도해 줄 수 있는 행사로 확대되는 효과도 있다.

그동안 '구두 닦아 드리기', '안마해 드리기', '일일 식당 서빙' 등의 미션을 수행했다. 성인식 대상자 아이들이 직접 교회 이곳저곳을 돌아다니며 어른들의 구두를 받아오거나 안마받을 권사님을 섭외하는 등 즐거운 마음으로 미션을 수행했다. 또 대상자 아이들이 주일 예배 전날 토요일에 모여 교회 내에 화장실 청소, 본당, 복도 청소도 함께 수행한다.

## 1. 운영 목적

중학교를 졸업하고 고등학교로 올라가는 아이들에게 신앙적, 정서적인 재정비의 기회를 주며 잊지 못할 추억을 제공함으로 또래 간의 친목과 단합을 도모한다.

## 2. 일시

⑴ **사전 모임** 성인식 대상자 모임

성인식 대상자 교육/결단식

성인식 대상자 헌신

⑵ **예   배** 2014년 2월 16일 11시(3부 예배) / 봉헌송 준비

⑶ **여   행 일시** 2014년 2월 16일 13시 ~ 2월 17일 20시

**장소** 설악산, 동해 바다

## 3. 참여 대상 명단 & 참여 교사(※ 별첨/학생 명단)

중고등부 예비 고1 학생(재적 70명 중 40명 예상, ○:35명, △:10명, ×:25명/ 2014년 2월 4일 기준)

고등부교사(10명), 장년부(5명) 총 인원 55명

## 4. 준비 사항

⑴ **프로그램 기획 및 회의** ~1 / 26

⑵ **기도로 준비하기**

참여자 기도(철야예배:2월 8일, 2월15일)

월별 기도 제목을 통하여 공예배 및 개인의 기도 시간에 성도들과 함께 기도

⑶ **대상자 미션 수행** 2/1 ~ 2/16

1. 철야 예배 참석하기 두 번의 철야 예배

2. 가정을 위한 헌신 부모님 섬기기 미션 3회 이상 / 인증샷 확인

3. 신앙의 성숙

**말씀 묵상** : 하루 한 장 잠언 묵상(전체 카톡방을 만들어서 말씀 나눔)

4. 교회를 위한 성숙

**조별 미션** : 조별로 계획서 작성하여 강도사 또는 총무 선생님께 피드백 후 진행

⑷ **성인식 사전 교육(101 페이지 참조)**

⑸ **전체 준비 일정표 만들기(100 페이지 참조)**

## (6) 세부 일정표

- 성인식 예배(106 페이지 참조)
- 성인식 여행(준비 사항 포함)

| 구 분 | | 진행 내용 | 사전 준비 | 담당자 |
|---|---|---|---|---|
| 11:00 ~ 12:30 | 성인식 예배 | 성인식 준비 영상 | 성인식을 준비하며 다짐(대상자)과 축복 (교사 및 선후배, 가족 등) | 나재호 |
| | | 학생 대표 편지 낭독 | | 김창수 |
| | | 학부모 편지 낭독 | 사전 섭외하여 준비 | 김윤경 |
| | | 축복 기도와 선물 증정 | 교회 미출석 학부모를 파악. 꽃다발/성경책 구입 | 김욱진 |
| | | 봉헌송 | 3주 전부터 곡 선정하여 연습 | 배상환 |
| 12:30 ~ 13:30 | 점심 식사 | 교회점심 식사 | | |
| 13:30 ~ 18:00 | 버스 안에서 | 1. 옆사람 소개<br>2. 빙고 게임 | 서로 친밀해질 수 있는 시간<br>서울~춘천 고속도로 | |
| | 휴게소 미션 | 조별 미션 | | |
| 18:00 ~ 18:50 | 미션과 저녁 식사 | 미션 성공조, 실패조 차등된 식사 | 미션 성공 10,000×25명<br>미션 실패 7,000×25명 | |
| 19:00 ~ 20:30 | 다함께 하하호호 | 1. 무뽑기 게임<br>2. 발싸움<br>3. 목욕 게임<br>(1) 이 닦기 (2) 세수하기 (3) 머리 감기 (4) 거울 보기 | | |
| 21:00 ~ 22:00 | 조별 Talk&Talk | 주제 ① 자신이 가장 듣고 싶은 말<br>② 자신이 가장 듣기 싫은 말<br>③ 살면서 가장 기뻤던 일<br>④ 살면서 가장 슬펐던 일 | | 이상호<br>전도사 |
| 22:00 ~ 22:20 | 기도회 | 1. 3분기도 2. 전체 기도회 | 기도 제목, 찬양곡, 기타 | 목사님 |
| 22:20 ~ 23:00 | 세면 및 취침 준비 | | 아침 미션 공지 | |
| 04:30 ~ 06:00 | 새벽 기도 | | | |
| 06:00 ~ 07:00 | 낙산 해수욕장 | 조별 미션<br>'하나님과 동행하는 우리'라는 제목의 영상 만들기 | 따뜻한 어묵국물<br>불꽃놀이 등 | |
| 07:00 ~ 07:40 | 해돋이 | | | |
| 08:00 ~ 09:00 | 세면 및 호텔 조식 | | | |
| 9:00 ~ 14:00 | 설악산 등반 | 오색 – 설악폭포 – 흔들바위 – 울산바위<br>조별 사진 찍기 미션 | 목장갑, 생수, 초콜릿 | 조별 교사 |
| 14:00 ~ 15:00 | 홍천 중국집 | | | |
| 15:00 ~ 18:00 | 부천으로 | | | |

**1** 부모님 섬기기 사전 미션 수행. 인증샷은 필수.
**2** 기도로 준비하기 사전 미션 수행.

### 가정봉사  부모님 섬기기 미션, 인증샷 필수

아이들은 성인식 사전 교육 기간 동안 정해진 횟수만큼 집에서 부모님을 섬기는 미션을 한다. 설거지하기, 방 청소하기, 빨래 개기, 함께 장보러 가서 물건 들어 드리기, 부모님 안마해 드리기 등 아이들이 가정에서 할 수 있는 착한 일을 찾아 미션을 수행하고을 반드시 인증샷을 찍어 담당 교사나 교역자에게 보내 확인을 받는다.

### 기도로 준비  철야 예배 / 토요 중고등부 예배 / 특별 새벽 기도 참석

성인식 대상자 아이들은 주일 예배와 금요 철야 예배, 토요 중고등부 예배에 반드시 참석하여 기도로 준비하도록 한다. 아이들이 최대한 참석할 수 있도록 독려한다.

## 성인식
## 예배 준비

### ★ 성인식 예배날 대상자 부모 참석 독려/확인 작업

성인식 예배는 성인식 대상자와 그들의 부모님이 함께 예배드리는 자리인 만큼 교사가 대상자 부모의 예배 참석 여부도 미리 파악하여 함께할 수 있도록 독려한다. 또한 부모님은 성인식을 축하하는 의미로 영어 성경책과 꽃다발을 미리 준비하며 아이에게 선물한다. 부모님이 교회를 다니지 않거나 사정으로 예배에 참석하지 못할 경우는 교사가 미리 파악해서 부모님 역할을 대신하여 소외되는 일이 없도록 준비한다.

### ★ 성인식 대상자 봉헌송 연습

아이들은 사전 교육 기간 동안 성인식 예배 봉헌송을 준비한다. 곡은 밝고 신나는 찬양으로 준비하고 어렵지 않은 율동도 함께 연습한다. 개인 사정으로 봉헌송 연습에 많이 참석하지 못하고 성인식 예배에만 온 대상자를 고려하여 그날 연습해서 함께할 수 있는 쉬운 곡을 선정하는 것이 좋다.

### ★ 성인식 예배 순서 : 학생, 학부모 대표 편지 낭독

학부모 대표 1명과 성인식 대상자 대표 1명을 사전에 정하고 각각 부모님과 자녀에게 마음을 담은 내용의 편지를 써서 성인식 예배에 낭독할 수 있도록 준비한다.

성인식 예배 중 부모 대표와 학생 대표가 편지를 써서 낭독하는 시간을 갖는다.

## 성인식 여행 준비

또래 아이들과 함께하는 1박 2일의 여행은 매우 기대되고 설레는 여행이기도 하지만 반대로 매우 부담스러울 수도 있다. 성인식 대상자 아이들 중 대부분이 선배들의 여행 후기를 들으며 가겠다고 마음을 정한 경우다. 하지만 또래 가운데 잘 어울리지 못하거나 친한 친구들이 없다는 이유로 여행을 안 간다는 아이들도 있다. 따라서 아이들과 모임 때마다 지속적으로 이야기를 나누고 함께 여행을 갈 수 있도록 독려하는 것이 필요하다.

> ✎ TIP │ 성인식 여행 일정에서 필요한 것들을 미리 체크하고 준비한다.
> • 여행자 보험 / 각종 미션 준비 / 준비물 / 차량 등
> • 첫날 저녁 조별 식사 장소 섭외 (메뉴, 위치, 가격 등을 미리 파악)

## 성인식 예배

여러 미션을 완수하고 사전 교육을 마친 아이들은 성인식 예배를 드리게 된다. 성인식 예배는 부모님과 모든 교인 앞에서 "이제 내 신앙으로 하나님 앞에 홀로 서겠다는 결단의 시간"이다. 그래서 성인식 예배는 중고등부 예배가 아닌 주일 대예배, 전교인 앞에서 대상자 부모님과 함께 드린다.

**Sample** 2015년도 성인식 예배 순서

| 시 간 | 순 서 | 담당자 | 비 고 |
|---|---|---|---|
| ~ 11:50 | 목사님 말씀 | 담임 목사님 | |
| 11:50 ~ 11:54 | 봉헌송 | 성인식 참가자(백문식) | |
| 11:54 ~ 11:56 | 헌금 기도 | 담임 목사님 | |
| 11:56 ~ 11:58 | 학생 편지 낭독 | 백민혜 | |
| 11:58 ~ 12:00 | 학부모 편지 낭독 | 김혜영 집사님 | 이은수 학생 어머니 |
| 12:00 ~ 12:02 | 대상자를 위한 기도 | 담임 목사님, 부모님 | |

**1** 성인식 예배 모습
**2** 봉헌송
**3** 서로를 축복하는 기도 시간

성인식 예배는 이제 단독자로서 하나님 앞에 서겠다고 결단하는 시간이다.
부모님과 아이들이 서로를 축복하며 기도하는 시간은 특별한 은혜를 경험하는 시간이다.

주일 예배 순서에서 목사님의 말씀 후에 성인식 대상자 아이들이 준비한 봉헌송을 드린다. 그 후 학생, 학부모 대표가 각 1명씩 편지 낭독을 하고 마지막으로 담임 목사님의 인도 아래 성인식 대상자 전원이 부모님과 함께 강대강에 올라가 손을 잡고 기도하는 시간을 갖는다. 부모님의 손을 잡은 아이는 그동안 나를 사랑으로 키워 주신 부모님을 위해 기도하고 또 부모님은 이제 자녀의 인생을 주님께 맡기겠다는 다짐의 기도를 하게 된다.

성인식
여행

성인식 예배를 마친 후에 아이들은 교회에서 점심을 먹고 곧바로 1박 2일 성인식 여행을 떠난다. 성인식 여행의 목적은 여행을 통해 즐거운 추억을 만들고 동기, 어른들과 어울리며 자연스럽게 공동체성을 배우도록 하는 것이다. 그동안 성인식 여행은 강원도 설악산으로 떠났는데 여행에는 담임 목사님, 몇 명의 교사들과 교회 장로님, 권사님, 집사님들이 함께 동행하였다.

**성인식 여행 일정**

| 날짜 | 시간 | 프로그램 | 상세내용 | 담당자 |
|---|---|---|---|---|
| 15일 | 11:00~12:00 | 성인식 예배 | 성인식 예배 | 김희자, 김민자 |
| | 12:00~13:00 | 점심 식사 | 예배 후 점심식사 | |
| | 13:00~16:30 | 출발 | 출발 전 간단한 조별 미션 | 백문식 |
| | 16:30~17:30 | 한경직 기념관 | | |
| | 17:30~18:40 | 저녁 식사 | 숙소 들어가기 전 조별 저녁 식사(매식) | 김민지 |
| | 18:40~19:00 | 숙소 이동 | | |
| | 19:00~19:30 | 방 배정 | 방 배정, 짐정리 | 김윤경 |
| | 19:30~20:30 | 레크리에이션 | 세미나실 이용 | 배상환 |
| | 20:30~22:00 | 소그룹 나눔 | 목사님과 함께 | |
| | 22:00~23:00 | 간식 | 만석 닭강정 | 김민지 |
| | 23:00~24:00 | 취침 | 세면 | |
| 16일 | 06:30~07:10 | 기상 | 기상 후 바로 대포항 이동 | |
| | 07:10~07:40 | 해돋이 | 대포항(일출 시간 7:17), 우천시 실내 기상 미션 | 담당 교역자 |
| | 07:40~08:00 | 숙소 이동 | | |
| | 08:00~08:30 | 세면 | | |
| | 08:30~09:30 | 아침 식사 | 목사님, 장년부 집사님들과 함께 | 김윤경 |
| | 09:30~10:00 | 짐 정리 | | |
| | 10:00~10:30 | 설악산 이동 | | |
| | 10:30~12:30 | 설악산 등반 | 흔들바위 등반 | 박동일 |
| | 12:30~13:00 | 경포대 이동 | | |
| | 13:00~14:30 | 경포대 | 조별 미션 | 정우 |
| | 14:30~16:30 | 홍천 이동 | | |
| | 16:30~17:30 | 점심 식사 | 홍천 중국집 | |
| | 17:30~19:30 | 집으로 출발 | | |
| | 19:30~ | 교회 도착 | 귀가 시 차량 운행 | |

## 첫째 날

성인식 여행은 조를 나누어 팀으로 움직인다. 의도하지 않게 소외되는 아이들이 생기지 않도록 하기 위함이고, 조별로 미션을 수행하거나 움직이게 되면 자신보다 내성적이고 도움이 필요한 친구들, 뒤처지는 친구들을 자연스럽게 챙기게 되어 그 속에서 관계를 배우기 때문이다. 여행의 핵심은 "잘 먹고 잘 놀자"이지만 그 안에서 서로 부대끼고 어울리며 공동체를 배우도록 돕는다.

교회에서 여행을 떠나기 바로 전에 간단한 미션을 수행한다. 조별로 뽑은 미션 카드에 적힌 교회의 장로님, 안수집사님을 찾아 함께 주어진 횟수만큼의 "단체 줄넘기"를 하는 미션이다. 아이들은 '시작' 소리와 함께 교회 곳곳을 뛰어다니며 미션 카드에 적힌 이름의 주인공을 찾아다닌다. 그리고 미션 카드에 적힌 교회 어른을 찾으면 선착순으로 교회 마당에서 함께 단체 줄넘기를 뛴다. 장로님과 파이팅도 외치고 실패했을 때 서로 격려하면서 하나가 된다.

출발 전 교회 마당에서      출발 전 단체 줄넘기 미션

**1** 휴게소 공 튀기기 미션
**2** 조별 식사

　　미션을 마친 아이들은 곧바로 버스에 올라 여행을 떠난다. 버스 안에서도 조별로 짝을 지어 앉도록 하고 중간 중간 휴게소에 들렀을 때에도 미션을 주어 수행하게 했다. 휴게소에서는 간식비를 걸고 "협동 공 튀기기 미션"을 주었다. 협동 공 튀기기란 동그란 나무판에 여러 개의 줄을 달아 주어진 횟수만큼 함께 공을 튀겨야 하는 미션이다. 이런 중간 중간의 협동 미션을 수행하며 아이들은 짧은 시간 서로 알아가며 가까워지는 효과가 있다.

　　강원도에 도착해서 숙소에 들어가기 전 아이들은 조별로 저녁 메뉴를 먹는다.

**1~3** 레크레이션
**4** 장기 자랑

**사례 1** 교사가 미리 알아본 여러 식당을 복불복으로 뽑아 조별로 식당을 찾아가서 저녁 식사를
하고 헤어진 장소로 돌아오는 일정
**사례 2** 조별로 미션을 통해 받은 차등 저녁 식비를 가지고 시장에 내려 메뉴를 결정하고 저녁 식
사를 하는 일정

　아이들이 직접 결정하고 움직이되 교사 1~2명이 동행한다. 단 아이들
이 서로 상의하고 결정하도록 조언은 최대한 아낀다.
　이렇게 저녁 식사를 마친 후 아이들은 숙소로 들어간다. 숙소에 도착해
서 방을 배정받고 간단하게 짐을 정리한 뒤 바로 한 공간에 모여 레크리에
이션을 한다. 레크리에이션의 목적도 "공동체 되기"이다. 지금까지의 일
정으로 조금 더 친밀해진 상태이지만 더 하나가 되기 위한 필요 단계라고
도 할 수 있다.

# 교회에 가면

조별로 둥그렇게 앉아 순서대로 조원 이름을 틀리지 않고
마지막 사람까지 말하는 게임

**예** **조원:** 백문식, 김민지, 조아영, 민순기, 이정민, 유승한

"(처음 사람) 교회에 가면 백문식도 있고~"

"(그다음 사람) 교회에 가면 백문식도 있고 김민지도 있고~"

"(그다음 사람) 교회에 가면 백문식도 있고 김민지도 있고 조아영도 있고~"

이렇게 조원 이름을 마지막 순서까지 틀리거나 버벅거리지 않고 한 바퀴를 돌면 성공! 게임의 열기를
높이기 위해 처음에는 각 팀별로 한 번씩 도전하게 한 후 어느 정도 시간이 흘렀을 때에는 팀 대항전으
로 한꺼번에 진행하는 것도 좋다. 이 게임을 통해 아이들이 서로의 이름을 어떻게든 기억하려고 애쓸
것이다.

# 인간 탑 쌓기

주어진 층수의 인간 탑을 쌓고
심사하는 사람(목사님이나 함께 간 교회 어른)의 이름을 빠르게 외치는 게임

이 게임의 목적은 빨리 잘 쌓는 것이 아니다. 진행자나 심사하는 사람이
적절하게 시간을 끌어 아이들이 버티다가 미끄러져 탑이 무너지기도
하고 땀을 뻘뻘 흘리며 다시 탑을 쌓는 모습이 핵심인 게임이다. 아래에
깔리기도 하고 엎드려져 있는 친구 등 위로 올라가야 하는 미안함, 그런
마음으로 탑을 쌓으며 아이들은 자연스럽게 가까워진다.

# 장로님, 집사님과 조별 응원전

교회 어른(집사님이나 장로님)이 1~2분씩 조에 들어가
함께 조별로 펼치는 응원전

장로님, 집사님과 함께 응원 아이디어를 짜며
어른들과 어울리는 방법을 배우게 된다.

레크리에이션을 마친 후 조별로 앉아 소그룹 나눔을 한다. 조원들과 교회 어른, 교사가 함께 소그룹이 되어서 이야기를 나눈다. "지금까지 내가 가장 자랑스러웠던 일", "지금까지 살아오면서 내가 가장 마음 아팠던 일" 등의 주제를 정한다. 정해진 주제로 돌아가며 진솔한 이야기를 나눈다. 소그룹에서 서로의 이야기를 들으며 같이 웃기도 하고 또 친구의 아픈 이야기 속에서 자신의 아픔도 동일하게 느끼며 서로를 이해하는 시간을 갖는다.

나눔을 마친 후 짝을 지어 친구를 위해 마음을 다해 기도하는 시간을 갖는다. 이 순서를 통해 아이들은 조금 더 성숙한 신앙의 모습으로 성장하는 것 같다. 기도회를 마친 후 아이들은 미리 시간 맞춰 준비한 야식을 먹은 후 잠자리에 든다.

1~2 조별 나눔
3 기도 시간
4 간식 시간

## 둘째 날

다음 날 아침은 근처 바닷가에서 해돋이를 보고 숙소로 와서 세면한다. 그동안 함께 가신 목사님과 교회 어른들은 이른 새벽에 근처 항구에서 매년 전통처럼 내려왔던 성인식 둘째 날 아침 메뉴인 대게를 사오신다. 아이들이 "대게를 먹기 위해 반드시 성인식 여행을 가야겠다"라고 말할 정도로 성인식 여행을 기대하게 만드는 시간이기도 하다.

아이들을 위해 시간으로, 물질로 함께해 주시는 목사님과 장로님, 집사님들이 계셨기에 성인식 여행이 더 풍성하고 기억에 남는 여행이 되는 것 같다. 이렇게 아침부터 배꼽이 뒤집힐 정도로 대게 파티를 한 후 오후 일정은 근처 설악산으로 이동하여 케이블카로 권금성을 다녀오는 것이다. 그리고 돌아오는 길, 매년 성인식의 마지막 코스였던 홍천에 들러 짬뽕과 짜장면을 먹고 다시 교회로 돌아온다.

함께 해주신 어른들

**1~4** 전통처럼 내려왔던 성인식 둘째 날 아침, 대게 파티
**5** 해돋이를 본 후 다함께

# 성숙한 미래를 향한 첫걸음!

축복합니다.^^ 성만교회 중고등부입니다.

주님의 사랑으로 늘 따뜻하고 넉넉한 가정이 되시기를 교사들과 함께 기도합니다.

저희 성만교회 중고등부에서는 17세를 맞는 학생들을 대상으로 하나님 앞에 단독자로 서서 자신의 인생을 책임지며 살아가기로 다짐하는 '성인식' 예배와 여행을 준비하였습니다.

본 행사는 이스라엘의 '성인식' 전통을 우리나라의 상황에 맞게 예배와 여행의 형식으로 도입한 것으로 이 시간을 통해 아이들은 자신들의 미래를 다시 한 번 생각하고, 하나님과 부모님의 은혜에 감사할 수 있는 기회를 가질 것입니다. 뜻깊은 자리에 참석해 주셔서 자녀를 격려해 주시고, 축하해 주신다면 자녀와 부모님 모두에게 유익한 시간이 되리라 생각합니다.

**1. 성인식 예배**
**일 시** 2월 16일(주일) 오전 11시
**장 소** 성만교회 본당
**부모님 준비 사항** 예쁜 꽃 한 다발과 영한 성경책을 선물로 준비해 주세요.

**2. 성인식 여행**
**일 시** 2월 16일(주일) ~ 17일(월)
**장 소** 강원도(낙산 스위트 호텔: 강원도 양양군 양양읍 해맞이 길 84, TEL: 033-670-0000)
**회 비** 없음
**준비물** 성경책, 세면도구, 편한 옷(갈아입을 옷)

**중고등부 담당 교역자** 이상호 전도사 (010-4115-0000)
**중고등부 담당 간사** 배상환 교사 (010-4948-0000)
**성만교회 사무실** 032-323-9521

2014년 2월 5일

※성인식 여행에 필요한 모든 경비는 교회와 교회 어른들이 풍성하게 준비하도록 하겠습니다.
※별첨 : 일정표

# 영상물 제작

영상물은 활동성이 있는 콘텐츠입니다. 추억을 공유하는 좋은 방법
이며 효과적으로 홍보할 수 있습니다. 수련회, 소풍 등 교회 행사를
기록하는 역할도 하는 중요한 일입니다.

**영상 제작을 위한 기본 요소**

| 촬영 | 구성 | 편집 |
|---|---|---|
| 방송용 카메라, DSLR, 스마트폰 등을 활용 | 목적과 시청 대상을 고려하여 이야기 구성 | 화면을 보기 좋게 만드는 것 |

 **촬영 TIP**
1. 제작하고자 하는 시간의 10배 이상 촬영하기
2. 군중:인물:풍경(무대)을 3:4:3 비율로 지키기
3. 카메라를 고정하여 찍기
4. 촬영 중에는 말하지 않기

 **편집 TIP**
1. 특정 인물이 부각되지 않도록 할 것
2. 웃음과 눈물에 집중할 것
3. 설교하려 하지 말 것
4. 다양한 화면을 보여줄 것

**영상 편집을 위한 소프트웨어**

**초보자용** 윈도 무비메이커, 다음팟인코더, iMovie 등
**숙련자용** 어도비 프리미어, 소니 베가스, 파이널컷 프로 등

**TIP** 네이버 검색해서 블로그 타고 들어가 다운받을 경우 악성코드가 침투해 컴퓨터를 포맷해야
할 상황이 발생할 수 있음. 처음부터 정식 홈페이지 주소로 들어가기 바람.

글·김성진 장로

# 섬김이 또 다른 섬김을 낳고

## - 교회학교를 돕는 당회

교회학교를 움직이는 데에 물질은 꼭 필요한 도구이다. 우리 교회는 각 부서별 예산을 출석 인원과 비례하여 책정했으나 넉넉하게 지원해 주지는 못하고 있다. 그렇다고 예산이 없어서 부서 운영을 못하는 경우도 없다. 모든 행사에 마음과 물질이 함께 움직이도록 전교사가 동참하고 있기 때문이다.

교사들에게 행사에 필요한 예산을 "사비로 해라!" 하고 말할 수 있을까? 아니 교회학교의 부서장인 장로나 집사는 사비를 낼 수 있는가? 교회학교의 어떤 행사든 누구 한 사람의 사비를 털어 할 수 있는 것이 아니다. 그러나 행사에 마음을 표현하는 '찬조'는 쉽게 접근할 수 있다. 금액이 많고 적음은 문제되지 않기 때문이다.

시간과 마음과 물질로 아이들을 위해 수고하는 교사에게 "수고해!"라는 말과 함께 교사 식사비나 행사 찬조금을 주시는 어른들의 움직임이 교회에서 일기 시작했다. 그런데 그런 찬조가 이젠 섬김의 문화로, 내리사랑의 표현으로 바뀌어 가고 있다.

교회의 중책들만 마음을 표현하는 것이 아니다. 전 교인이 교회에 무슨 행사가 있으면 이번엔 나도 어느 정도는 감당해야 한다는 거룩한 부담을 느끼고 있다. 각자의 형편에 따라 함께 동참하려는 움직임이 일어나고 있는 것이다. 공동체가 하나가 되어 움직이는 아름다움을 늘 발견하게 된다. 교회의 어른이 교사를 섬기면 교사는 아이들을 똑같은 모습으로 섬길 것이다. 그리고 우리 아이들은 나중에 청년이 되고 장년이 되어서 더 통 크게 다른 이들을 섬길 것이다.

이렇게 한 사람 한 사람의 마음으로 시작된 움직임을 우리 교회는 조직화하였다. 우리 교회의 모든 교육 부서는 시무 장로, 시무 권사, 시무 안수 집사를 중심으로 한 부서 협력부가 있다. 그 부서에서 도움이 필요한 부분을 뒤에서 돕는 부서이다. 부서 행사시 식사 봉사, 간식, 물질 찬조, 차량 봉사 등 여러 역할을 수행한다. 뿐만 아니라 수련회 현장에서나 반별 여행 시 아이들의 저녁 식사를 직접 준비해 대접하기도 한다. 자신이 속한 부서에 도울 부분이 있는지 묻고 스스로 할 수 있는 부분을 찾아 감당하는 것이다. 이런 섬김과 협력의 분위기가 자연스러운 교회 문화로 정착되고 있다.

처음 시작할 때는 부담이 느껴지기도 했다. 그러나 생색이 아닌 마음으로 하는 섬김이 계속 되면서 이젠 성도 안에서 서로를 든든하게 여기고 고마워하는 마음이 일고 있다. 또 이러한 섬김은 또 다른 섬김을 낳고 있다. 회비를 찬조받아 수련회에 참석했던 학생들이 청년이 되어 후배들을 섬긴다고 500만 원을 모아 찬조한 일도 있었다! 교사들이 행복하게 마음껏 아이들을 품을 수 있는 교회 교육의 현장은 우리 아이들의 마음에 우리가 상상하는 것 이상을 심을 수 있다.

지금 시작하자. 우리의 작은 섬김이 더 큰 은혜로 채워지는 놀라움을 분명 경험할 것이다.

프렌즈데이
소개영상 바로가기

# 프렌즈데이

## The Power of One Person

| | |
|---|---|
| **행사 개요** | 친구들을 주일에 초청해서 즐거운 시간을 보내며 복음을 제시하고 함께 예배하는 아동부 행사. 친구를 초청하는 전도 파티이다. |
| **행사 목적** | 1. 내 친구를 전도하자! 친구를 초청해 예수님을 소개하고 복음을 제시하여 영접하는 시간을 갖는다. |
| | 2. 전도 훈련을 통해 한 영혼의 소중함을 배운다. |
| | 3. 실제로 전도함으로써 반이 부흥하는 것을 경험케 하여 복음의 힘을 배운다. |

어느 교회든 장년부가 중심이 되어 "태신자 전도 축제", "이웃 초청 잔치" 등의 이름으로 진행하는 전도 축제가 있다. 우리 아동부도 처음에는 장년부가 사용하는 타이틀을 그대로 가져와 전도 축제를 했는데, 후에 초등학생 아이들의 눈높이와 요즘 시대에 맞는 용어를 찾다가 "프렌즈데이"를 만들었다. 프렌즈데이를 위해 전도하면서 우리는 '교회 가자'라고 말하지 않는다. 아이들이 좋아하는 단어 '파티'를 사용해, "우리 교회에서 친구를 초청하는 파티가 있다"라고 소개하는 것이다.

행사를 열심히 준비하였는데 초청되어 오는 아이들이 별로 없어서 포기하고 싶은 때도 있었다. 그런데 기도하면서 좀 더 조직적으로 움직이고 행사를 준비하니, 2014년 가을 프렌즈데이에는 300여 명의 아이들이 왔다. 이런 전도 파티를 통해 우리 아동부 교사와 학생들 마음에는 "야! 우리도 할 수 있네!"라는 뿌듯함과 감사가 넘치게 되었다.

**✂ TIP** ┆ 프렌즈데이를 통해서 많은 아이가 오는 것은 너무 중요하다.
┆ 그런데 지금보다는 조금 더 나아진 우리 반과 우리 아동부의 모습을 경험하는 것이 더 중요하다.

## 조직 만들기

기획팀, 전도팀, 홍보팀, 행사팀, 기도팀 등 5개의 팀으로 조직을 구성했다. 각 팀마다 팀장을 세우고 팀원들이 함께 움직이는 시스템을 구축한 것이다. 아동부의 모든 교사를 형편에 맞는 팀에 배치하여 할 수 있는 일을 맡김으로써 프렌즈데이 행사 준비에 한 교사도 소외되지 않도록 각별히 신경 썼다.

## 팀별 활동

각 팀의 팀장이 모여서 전체적인 일정과 흐름을 잡는다. 최소한 행사 3개월 전부터 모여야 한다. 일이라는 것이 기획했던 대로 진행되는 것이 아니라 계속 수정이 가해지기 때문에 시간 여유를 두고 시작한다.

## 기획팀

팀장을 포함하여 담임 교역자 등을 중심으로 꾸린다. 기획팀에 속한 팀장들은 전체적인 그림을 머릿속에 그려야 한다. 다른 팀에서 어떻게 진행되고 있는지 숙지해야만 그 외의 다른 교사들에게 전체적인 흐름을 전달할 수 있기 때문이다.

교회 전체가 프렌즈데이에 관심을 가지고 함께 기도하는 분위기를 만들어야 한다.

우리 교회는 대부분의 행사가 그렇게 진행된다. 어느 부서에서 일이 시작되면 그 일에 모든 부서가 관심을 가지고 물질과 기도와 봉사로 함께 섬기는 것이다. 그러기 위해서는 교역자들의 조율, 특별히 담임 목사님과의 커뮤니케이션이 중요하다. 프렌즈데이는 어느 한 부서만 움직이는 전도 행사가 아니라, 교회가 함께할 수 있는 행사임을 꼭 기억하길 바란다.

기획팀은 각 팀들이 무슨 일을 해야 하는지에 대한 구체적인 실행 지침을 기획한다. 기획팀의 지침을 토대로 하여 팀에서 구체적인 매뉴얼을 만들도록 돕는 것이다.

# 전도팀

어느 팀보다 활동이 많다. 아이들과 가장 가까이에서 만나는 교사를 중심으로 팀을 꾸리고 전도의 현장에 투입한다. 아동부 교사들 중에는 대학생이 있다. 그들은 학교 수업 스케줄 때문에 전도하기 힘들 것 같지만, 전도팀에서 같이 활동했다. 아이들 점심시간에 맞춰 전도 현장을 지킨 이들이 바로 대학생 교사였다. 한 달에 한 번 쉬는 평일을 전도 시간에 맞춘 직장인 교사도 있다. 자기의

하루 스케줄에 전도 시간을 포함해 전도 현장을 지킨 대학생 교사들

시간을 쪼개서 함께 전도하는 교사를 통해 전도하는 분위기가 만들어진다. 남는 시간에 전도하는 것이 아니라, 나의 하루 스케줄에 전도 시간을 포함하는 것이다. 그러려면 학교 앞 전도 일정이 먼저 나와야 한다. 그래야 교사들이 자신의 시간을 조절할 수 있다.

또한 현장 전도는 꼭 전도팀만 하는 것으로 정해 두지 않았다. 모든 교사가 할 수 있도록 하되 그 중심에 전도팀 교사들을 세우는 것이다.

**Sample** 아동부 전도 일정표

| 첫째 주 | 월 | 화 | 수 | 목 | 금 |
|---|---|---|---|---|---|
| 12:30 | 인천 영선초교 | 계남초교 | 수주초교 | | |
| 13:40 | | | 성곡초교 | 여월초교 | 원일초교 |
| 14:30 | 오정초교 | 까치울초교 | | 대명초교 | 원종초교 |
| 둘째 주 | 월 | 화 | 수 | 목 | 금 |
| 12:30 | 삼정초교 | 중흥초교 | | | 부천북초교 |
| 13:40 | | | 성곡초교 | 여월초교 | |
| 14:30 | 양지초교 | 오정초교 | | | 원종초교 |

# 누구를 만날까?

프렌즈데이에 참석한 아이들을 분석한 결과 아이들은 친구를 통해서(90%), 스스로(5%), 부모님을 통해(3%), 전단지를 보고(2%) 참석했다. 대부분 친구가 초대한 아이들이었다. 이 통계는 교사들이 학교 앞에 가서 만나야 할 대상이 누구인지를 보여 주는 아주 중요한 데이터가 되었다. 바로 현재 우리 교회를 다니고 있는 아동부 친구들을 만나야 하는 것이다. 알지 못하는 아이들을 만나서 초대장을 뿌리며 교회에 오라는 방식은 큰 효과가 없다.

# 전도 방법

 **심방 전화**

학교 앞에 갈 테니 친구 데리고 나오라고 미리 연락해야 한다. 이 심방 전화는 반드시 반 선생님이 직접 한다.

 **전도 물품**

이런 저런 물품들 많이 사용해 보았으나 먹는 것이 최고다. 우리는 "제티"라는, 우유에 타먹는 일회용 초콜릿 가루를 준비했다. 물품에 스티커를 붙여서 주었는데, 그 자리에서 먹는 친구들은 없다. 거의 집으로 가지고 가서 우유에 타 먹기 때문에 바닥에 버려지는 쓰레기가 없다. 간혹 그 자리에서 먹는 친구들이 있긴 하지만, 이 물품을 이용한 이후 "쓰레기 치우고 가라"는 항의 전화를 받아 본 적이 없다.

 **전도 물품 나누기**

우리 교회 나오는 학생에게 제티를 주어서 자기가 데리고 나온 친구에게 직접 주게 한다. 그리고 우리 학생들에게 줄 것은 따로 준비하는데, 이는 담당 교사가 마련한다. 직접 전도 현장에 나오지 못해도 함께 전도하고 있다는 사실을 인식시켜 주기 위함이다. 친구를 따라 나온 아이들은 제티를 받아서 좋아하기도 하지만, 자기 친구에게 교회 선생님이 선물을 준비했다는 것을 알게 되어 교회를 좋은 이미지로 받아들이게 된다. 솔직히 아무것도 아닌데, 아이들에게는 그런 것 하나도 자랑거리가 된다.

전도 일정에 맞춰서 1달간 학교 심방 및 전도를 한다.
학교 앞에서 우리 교회 친구들을 많이 만나는 것이 중요하다.

## 홍보팀

홍보팀은 그야말로 영상과 이미지를 통해 교회 내부와 외부의 분위기를 만드는 중요한 역할을 담당한다.

4주 전부터 총 4번에 걸쳐 아동부 주일예배 광고 시간에 프렌즈데이와 관련된 영상을 준비해 보여 준다. 영상을 잘 편집할 성도가 필요하다. 또한 학교 앞 전도와 심방 때의 모습을 영상으로 담아서 광고 시간에 꼭 활용한다. 그러면 "우리 학교도 와주세요!!"라는 소리가 여기저기서 나오는데, 교사가 자기 학교에 올 것을 기대하게 만든다. 영상은 2분 30초~3분 정도의 길이가 가장 적당하다.

이미지를 통한 홍보로는 교사 개인 카톡의 이미지를 프렌즈데이 로고로 교체하는 것, 전도팀이 학교 앞 심방할 때 단체티를 입는 것, 포스터를 만들어 교회 인근에 붙이는 것, 초대장을 제작해 나눠 주는 것 등이 있다.

로고와 포스터, 초대장

## 행사팀

행사팀은 당일에 이루어지는 일을 담당한다. 프렌즈데이는 보통 선생님이 준비한 순서와 아이들이 준비한 순서가 있다. 말씀과 찬양, 행운권 추첨, 아이스 브레이크 시간도 있다.

선생님들은 꽁트(현재 가장 이슈가 되고 있는 꽁트 선정)와 댄스(현재 가장 많이 불리는 곡을 선정)를 준비했다. 댄스의 경우 가사를 바꾸어, 직접 녹음실에 가서 녹음했다. 아동부 친구들도 댄스와 난타 등의 공연을 준비해서 그날 온 친구들에게 보여 주었다.

행사가 끝나고 피자 100판을 시켜서 반별로 앉아서 먹었다. 그 모습도 볼 만하다. 장년부 예배와 같은 시간에 진행되기 때문에 처음부터 담임 목사님이 참석하실 수 없다. 그런데 이 간식 시간에는 오셔서 아이들과 함께 하신다. 장로님들도 마찬가지다.

**1** 선생님과 학생들이 순서를 준비하여 발표한다.
**2** 행사 끝나고 간식 시간. 피자 100판을 시켜 반별로 앉아서 먹는다.

| 시간 | 내용 | 담당 | 비고 |
|---|---|---|---|
| 접 수 | | 권선희 | 청년부 섭외 2명 노트북 사용/ 행운권표 |
| 11:50 ~ 12:05 | 아이스 브레이크 | 윤은영 | 선물/음악 |
| 12:05 ~ 12:15 | 경배와 찬양 | 이정숙 | 마이크 세팅 |
| 12:15 ~ 12:17 | 소개 영상 | 김영완 | 영상물 |
| 12:17 ~ 12:35 | 연극 & 설교 & 결단의 시간 | 이정훈&하민수 | 연극 |
| 12:35 ~ 12:40 | 블랙라이트 | 이경미 | 형광등/장갑/음악<br>결단의 시간에 선생님이 세팅 준비 |
| 12:40 ~ 12:47 | 밴드(준비 시간 포함) | 김종우 | 마이크 세팅 |
| 12:47 ~ 12:53 | 댄스(준비 시간 포함) | 고려진 | 의상/음악 |
| 12:53 ~ 12:55 | 광고 | 한동훈 | ppt |
| 12:55 ~ 12:56 | 주기도문 | 한동훈 | ppt |
| 12:56 ~ 1:10 | 행운권 추첨 | 김종우 | 선물/음악 |
| 13:10 ~ 13:30 | 피자 파티 | 신애순 | 피자/음료/종이컵 |

**기타 준비물과 사진 & 영상 촬영**

• 차량 : 부개, 상동, 조은영 선생님반

• 음향 : 유요한

• 영상 : 김대규

• 당일 안내 (횡단보도 2명 / 아름다운가게 1명 / 1층 현관문 1명 )

• 당일 주보 없음(대신 순서를 크게 게시)

## 기도팀

기도팀이 따로 있다고 해서 기도팀만 기도하는 것은 아니다. 이 팀원들이 중심이 되어서 모든 교사가 기도에 힘썼다. 새벽 기도와 금요일 심야 기도, 릴레이 금식 기도 등을 통해서 영적인 부분도 전 교사가 함께 준비한다. 기도팀은 기도 시간이 끝나면 간단하게라도 간식을 나누며 교제할 수 있도록 준비한다. 또한 기도할 때 주시는 생각을 꼭 메모해 두자.

## 행사 당일과 그 이후

어느 정도 분위기가 잡혔다면, 아이들 스스로가 친구를 초청해서 교회에 데리고 와야 한다는 부담을 가지게 된다. 이 날은 혼자 오면 안 되는 날로 여기는 것이다. 오기로 약속한 친구가 오지 않아 자기는 친구를 한 명도 초청 못했다면서 엄마 품에서 울던 학생도 있었다.

행사 당일이 되면 초청한 친구들이 교회에 올 수 있도록 학교 앞에서 미리 약속을 잡는다. 차 운행은 교사가 담당하여 약속된 시간에 친구들을 만나서 데리고 온다. 새 친구가 오면 접수대에서 접수를 받는다. 복잡한 것들은 제외하고 이름, 학교, 교회 친구를 기록한다. 이 인적 사항은 다시 한 번 학교를 방문해서 만나는 자료로 활용하게 된다.

많은 사람이 프렌즈데이 얘기를 들으면 하는 질문이 있다.

"그럼 그 다음 주일에는 그 친구들이 다 오나요?"

물론 아니다. 그러나 그 다음 주부터 아이들이 친구들에게 전도하는 모습을 보게 될 것이다.

이 프렌즈데이를 통해 전도해야 한다는 분위기를 조성할 수 있다. 그리고 전도해 본 경험은, 예배당이 가득 차게 모인 친구들과 함께했던 경험은, 꾸준히 전도하는 아이들로 성장하게 만든다.

또한 프렌즈데이를 기획할 때 후속 프로그램들을 미리 준비해야 한다. 우리 교회는 반별 여행 등을 통해 다시 한 번 친구들과 소그룹으로 만날 수 있는 기회를 제공하고 있다.

친구가 한 명도 안 왔다고 우는
학생. 전도하지 못해서 울다.

> 정경자 집사 2014/11/18 17:47 ↳답글
> 빼곡히 앉아 있는 모습 최고!
> 친구가 온다 하고 안 와서 못 들어가고 밖에서
> 울던 친구도 있어요..
> 당일 아침 온다 한 친구 모두 펑크 내니
> 작년 프렌즈데이 온다 하고 웃은 친구
> 부랴 부랴 전화해 털꾸 온 친구(울아들)도 있구요~~
> 여튼 프렌즈데이는 절대 혼자가면 안되는 날!
> 울 아이들 머릿속에 그렇게 새겨놓아 감사 감사..
> 선생님들 수고 많으셨습니다.
> 하나님 참 감사합니다.

# 까탈레나(개사)

**1**

진지한 신앙 성만교회
너도 모르게 빠져들 거야
즐거운 생활 성만교회
(성만교회 하이하이하이) 빠져들 거야

학교에서 만났어 말했어
같이 교회 가자고도 말을 난 해봤어
부끄부끄 하지만 한 번만 손잡고 다니자
함께 다녀 보자

할렐루야 흔들흔들 손 흔들고
네 목소리가 쉴 때까지 소리 질러
(성만교회 하이하이하이 친구들도 하이하이하이)
참 잘했어요 100점 만점 주고파

진지한 신앙 성만교회
너도 모르게 빠져들 거야
즐거운 생활 성만교회
(성만교회 하이하이하이) 빠져들 거야

스르르르르륵 스르르르르륵
빠 빠 빠 빠져든다 빠 빠 빠 빠져든다
파르르르르륵 파르르르르륵
떨 떨 떨 떨려온다 따라 따라 따라 하고파

**2**

어머머머 재밌어 신났어
어떤 다른 만화 영화보다 더 재밌어
성만교회 한 시간 두 시간 즐거워
놀고파 계속 다니고파

할렐루야 흔들흔들 손 흔들고
네 목소리가 쉴 때까지 소리 질러
(성만교회 하이하이하이 친구들도 하이하이하이)
아직 어색해 좀만 더 친해져 봐

진지한 신앙 성만교회
너도 모르게 빠져들 거야
즐거운 생활 성만교회
(성만교회 하이하이하이) 빠져들 거야

일어나서 말씀듣고 내 마음 따뜻해
두손 모아 기도할래

소중한 나의 친구들아
모두 다 같이 사랑합시다

프렌즈데이를 기억해
(성만교회 하이하이하이) 오늘을 잊지마

스르르르르륵 스르르르르륵
빠 빠 빠 빠져든다 빠 빠 빠 빠져든다
파르르르르륵 파르르르르륵
떨 떨 떨 떨려온다 따라 따라 따라 하고파

# 삭개오

**준비물**   뽕나무 분장, 예수님 의상(성가대 가운에 빨간색 천 두름),
삭개오 의상(선글라스, 일수 가방 등 건달 복장), 동네 사람(성가대 가운)

**효과음**   초록색 글씨 (웅성 웅성 소리, 나무 오르는 소리, 심장 뛰는 소리, 배경 음악)

**역할**   **예수님** 김영완                    **삭개오** 하민수
        **동네사람 1,2,3** 유승한, 민소정, 박혜진   **동네꼬마** 김글인, 고려진, 전동민
        **나무** 김종우


삭개오에 대한 설명

**해설**    오늘 만나 볼 성경 속 인물은 삭개오예요.
        삭개오는 세금을 걷는 사람이었고, 아주 잘 사는 부자였어요.
        그런데 사람들은 부정한 방법으로 세금을 걷어 큰 이익을 보는
        삭개오를 미워했어요.

**삭개오**   건들 대며 등장 선글라스와 한 손에는 일수 가방

**동네사람1** 야야 들었어? 예수님이 오신대.
        바로 우리 마을에 예수님이 오신단 말여.

**동네사람2** 예수님? 문둥이도 고쳐 불고,
        잉 죽은 사람도 벌떡벌떡 일어나 버린다제~.

**동네사람3** 내가 좀 알지. 예수님은 바로 우리가 기다리던 하나님의 아들이여.
        그래서 예수님만 만나면 누구나 변화되 버린당게.

**동네 꼬마** 예수님이 오셔요 예수님이요~!!

**예수님**   예수님 등장

**삭개오**　뭐 예수님? 죄인도 사랑해 주신다는 예수님?

　　　　모두 변한다? 그럼 혹시 나두?

♪웅성웅성 배경 소리

**삭개오**　저 저기 좀 비켜 봐.

**동네사람2**　아니 왜 이래?

**삭개오**　야 좀 비켜~. 어 어 저리 좀 가봐.

(동네 사람들은 예수님 주위에서 삭개오가 들어오도록 틈을 주지 않는다.)

　　　　비켜 줘, 나도 좀 보자고. 아이 참 안 되겠네.

　　　　그럼 어쩌지? 아 근데 저기 뽕나무 위에 올라가면 예수님을 볼 수

　　　　있겠는데 굳이 저기까지 올라가서 봐야 되나….

　　　　에이 그냥 한번 올라가 보자.

　　　　이고 아이고 낑낑.

♪뽕나무에 올라가는 소리

**삭개오**　삭개오 나무위에 올라감

♪효과음 : 심장 소리 – 마음의 소리로 처리한다.

**삭개오**　예수님? 저분이 예수님이란 말이야?

　　　　뭐야? 하나님의 아들이라는데 별로 특별해 보이지도 않잖아.

　　　　그런데 사람들은 엄청 좋아하네. 신기하다.

**삭개오**　갑자기 나도 예수님을 만나보고 싶어졌어.

　　　　진짜 하나님의 아들이라면 그렇다면 정말 이번 기회에

　　　　죄도 용서받고 착하게 살아 볼 텐데.

　　　　하지만 예수님이 날 알기나 하겠어.

　　　　이봐 예수, 당신이 하나님의 아들이라면 내 이름 좀 불러 봐.

**예수님**　삭개오야!

**삭개오**　오잉?

| 예수님 | 삭개오야, 삭개오야! |
|---|---|
| 삭개오 | 삭개…? 나요? |
| 예수님 | 그래, 삭개오야. |
| 삭개오 | 네, 예수님. |
| 예수님 | 삭개오야, 어서 내려오너라. 오늘은 내가 네 집에서 묵어야겠구나. |
| 동네사람1,2,3 | 예수님께서 죄인의 집에 묵으려고 들어가신대. |
| | 어머 웬일이야. 와~~ 대박! |

♪웅성웅성 소리

| 삭개오 | 예수님, 예수님, 저는 죄인입니다. |
|---|---|
| 예수님 | 삭개오야 난 오늘부터 너의 친구란다. |
| | 사랑하는 삭개오야, 이제부터 너는 외톨이가 아니란다. |
| 삭개오 | 예수님 예수니임~. 흐흑 |

(꿇어 엎드리며)

예수님 나는 죄인이에요.

예수님의 친구가 될 수 없어요.

| 예수님 | 아니야 삭개오. 넌 이제 나의 친구야. 어서 일어나거라. |
|---|---|
| 삭개오 | 예수님, 예수님! |

(예수님을 끌어안는다.)

♪배경음악 깔기

예수님 전 저의 재산의 반을 팔아서 예수님의 일을 위해 쓰겠어요.

그리고 제가 누구의 것을 속여 빼앗은 일이 있으면 네 배로 갚겠어요.

| 예수님 | 오늘 구원이 이 집에 이르렀다. 이 사람도 아브라함의 자손이다. |
|---|---|
| | 나는 잃은 것을 찾아 구원하러 왔다. |
| 동네사람들 | 와아아아아아아!!!! |

(박수 치며 함성과 함께 기뻐함)

# 2013 프렌즈데이

## 1. 주제 & 목표

**주제** 우리들의 친구 예수님!    **목표** 330명(기존아동부 130명 / 전도 200명)

**목적** 예수님을 소개하여 들을 수 있는 시간을 가진다.

친구를 초청해서 노는 즐거움, 먹는 즐거움, 받는 즐거움을 준다.

## 2. 당일 행사&준비

- 입구 풍선장식 / 실내 장식 / 중예배실 현수막 설치 / 접수처 설치(컴퓨터준비) / 환영 문구
- **추첨경품**   신발,실내화가방, 자전거,베스킨라빈스기프트권, 파리바게트기프트권, 문화상품권, 축구화, 학용품 등 (교사가 하나씩 담당) / **전체선물** : 흔들 샤프
- **당일행사콘티**   아이스 브레이크,성만 기네스북(배상환), 찬양 & 율동(권선희),10분 말씀(이정훈), 파워댄스(이경미),콩트(강귀분), 경품 추첨(배상환),피자파티(신애순)

## 3. 준비 모임&기도 모임

- 6주부터 매주 수요일 저녁예배 후 기도 모임   • 화, 목 새벽작정기도, 공예배 출석   • 토요일 릴레이기도(10시 ~5시)

## 4. 홍보 (티셔츠를 입고 홍보)

| 실내 | 실외 |
|---|---|
| 1 스텐드포스터&엘리베이터 부착 (5주를 남기고 부착) 베너 현수막 설치 | 1 유리벽 유포 부착(4주를 남기고 부착) 아름다운가게 앞 부착(4주를 남기고 부착) |
| 2 홍보영상 제작 (올레광고,비타오백 패러디) | 2 횡단보도 스티커 바닥 부착(4주를 남기고 부착) |
| 3 초청명단 게시 (중예배실 앞) 9월15일 부착 | 3 2층 현수막 설치 (4주를 남기고 부착) ※장년부 새생명축제와 같이 설치(한장에 두 개 내용) |
| 4 주일 반별모임때 프렌즈데이 연계성 프로그램 진행 친구 이름 기록 부착 등 | |

## 5. 전도

1) 화, 수, 목, 금에 학교 앞 친구만나기 진행(점심/하교) 기획팀 : 홍수미 / 전도팀 : 안인옥 / 데코 : 김수영

2) 토요일 전도(휴먼시아 놀이터 중심) 신애순외 교사

## 6. 기타사항

- **후속 프로그램** 교회에서 저학교 런닝맨 – 저녁 삼겹살 파티

고학년 자전거 하이킹 – 20Km(2시간소요) / 교회 와서 삼겹살 파티

반벌 캠프
소개영상 바로가기

# 반벌 캠프

## The Power of One Person

반별 캠프는 말 그대로 반끼리 여행을 가거나 캠핑을 하여 추억이 될 만한 즐거운 시간을 보내는 프로그램이다. 반끼리 진행하는 것이어서 적은 수가 함께하기 때문에(두 세 반이 모여서 같이하기도 한다) 선생님과 아이들이, 또 아이들끼리 그리고 협력해 주시는 교회 어른들과 아이들이 굉장히 가까워질 수 있다는 장점이 있다. 성만교회에서 아동부 여름 반별 캠프를 어떻게 진행했는지, 그리고 그것을 통해 어떤 것들을 얻을 수 있었는지를 나누려고 한다.

그동안 습관처럼 해왔던 성경학교를 기존의 틀에서 벗어나 새롭게 할 방안을 찾다가 반별 캠프를 기획하게 되었다. 방학을 이용해 아이들에게 추억이 될 만한 시간을 만들어 주자는 취지에서 시작된 것이다. 교사와 아이들이 함께 여행이나 캠핑을 준비하고 진행하는 것을 통해 몸으로 친해질 수 있는 기회를 제공하려는 것이다. 그렇게 서로 친해지면 아이들이 교회에 한 발짝 더 가까이 올 수 있는 계기가 된다.

아이들의 신앙은 성경을 배우면서 자란다. 그리고 함께하는 시간, 사랑받고 사랑한 경험들을 통해서도 자란다. 아이들이 교회의 소중한 일원임을, 존중받고 사랑받는 존재임을 경험하게 함으로써 아이들로 하여금 교회에 머물게 하고 그 안에서 성장하도록 돕는 것이다. 이런 경험은 성장해서도 늘 교회를 기억하고 다시 찾을 수 있게 하는 힘이 될 수 있으리라 믿는다.

## 준비 과정

★ **반별로 캠프 장소와 기간을 선정하여 프로그램 계획**

캠프 시행 한 달 전부터 각반 선생님과 아이들의 스케줄, 그리고 희망 사항을 고려하여 반마다 다르게 장소를 선정하고, 답사가 필요한 곳은 미리 다녀온다. 캠프 장소와 아이들의 연령을 고려하여 프로그램을 계획한다.

★ **예산 세우기**

캠프 장소와 프로그램에 따라 필요 경비를 예상하고 아이들에게 받을 회비를 얼마로 책정할지 정한다. 우리 교회는 교회에서 경비를 지원하지 않는다. 경비는 아이들의 회비, 성도들의 찬조금, 그리고 교사가 담당한다. 우리 교회는 이런 행사를 하게 되면 아이들 회비도 반드시 책정한다.

★ **안내문 발송**

캠프 2주 전에는 각각 안내문을 만들어 반별로 발송하고 참가 신청서를 받는다. 안내문을 발송한 주에는 반드시 부모님과 직접 통화하여 캠프를 안내하고 참여를 독려한다.

★ **홍보**

1. 교회 전체 현수막 게시
2. 교회 마당 홍보

    교사들이 주일 예배 후에 예배를 마치고 나오는 성도들께 시원한 차를 대접하면서 캠프를 홍보한다. 이것은 교회 성도에게 행사를 알려 중보 기도와 물질 찬조를 유도하는 홍보라고 할 수 있다.

3. 아동부실 앞 홍보물(포스터) 게시
4. 교사 개인 카톡 이미지를 반별캠프 홍보 포스터로 교체
5. 교회 네이버 카페에 순차적으로 홍보글 올리기

아동부와 중고등부의 행사를 모아 전체 현수막을 만들어 행사 4주 전에는 교회에 게시한다.
또한 개별 프로그램을 홍보하는 포스터를 만들어 교회 곳곳에 게시하여 온 교인이 함께 기도하며 기
다리는 행사로 만든다.

**1** 2013년 반별 캠프 현수막 1

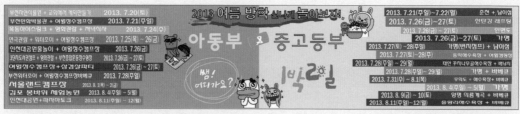

**2** 캠프 개별 프로그램을 홍보하는 포스터

# SUMMER CAMP

성만 아동부 가족 여러분 안녕하세요. 무더운 여름, 아이들과 함께 주님 안에서 즐거운 추억을 만들고자 Summer Camp를 준비하였습니다. 아래 캠프 일정을 참고하여 주세요. 자세한 사항 및 준비 일정은 2차 안내문을 통해 알려 드릴 예정이니 참고해 주시기 바랍니다.

| 날짜 | 시간 | 프로그램 |
|---|---|---|
| 8월 1일 | 09:00~ | 교회에서 모임/ 출발 |
| | 10:30~ | OO랜드 도착 |
| | 10:30 ~ 12:30 | OO랜드에서 신나는 물놀이(실외 수영장) |
| | 12:30 ~ 14:00 | 점심 및 휴식 시간 |
| | 14:00 ~ 5:00 | OO랜드 놀이 기구 이용 및 간식 시간 |
| | 5:00 | 교회로 이동 |
| | 6:30 ~ 8:00 | 교회에서 바비큐 파티 |
| | 8:00 ~ 9:00 | 레크리에이션 |
| | 9:00 ~ 10:00 | 씻고 취침 준비 |
| 8월 2일 | 8:00 | 산책 |
| | 8:00 ~ 9:00 | 성경 읽기 |
| | 9:00 ~ 10:00 | 아침 식사 및 짐 정리 |
| | 10:00 | 집으로 |

※활동 시간과 프로그램 일정은 유동적으로 조정될 수 있습니다.

**장 소** OO랜드 수영장, OO랜드 놀이동산, 교회

**캠프일 :** 2013년 8월 1일(목요일) ~ 8월 2일(금요일)

**일일 캠프 참가비 :** 25,000원  신청서와 함께 7월 27일(주일)까지 보내 주세요.

------------------------------- 절 취 선 -------------------------------

## Summer Camp 신청서

class _____    name _____

• Summer Camp를 신청합니다 (    )    • Summer Camp를 신청하지 않습니다 (    )

## ★ 학교 앞 전도

캠프를 매개로 그동안 교회에 오지 않던 아이들을 전도할 수 있는 기회로 삼고자 학교 앞으로 홍보 전단지를 가지고 전도를 나간다. 전단지는 전체의 일정을 한 곳에 모아 제작하여 소책자 형태로 접어서 사용했다. 전체 반의 일정을 모두 담았기 때문에 전단지를 받아 본 부모님이 정말 다양하게 많은 걸 한다며 좋은 반응을 보여 주었다. 그래서 아이들에게 투자를 많이 하는 교회라는 이미지를 주는 부수적인 교회 홍보 효과도 있었다.

**Sample**

**홍보 전단지**

**1** 앞면
**2** 뒷면
전체의 일정을 한 곳에 모아 제작하여 소책자 형태로 접어서 사용했다. 일정을 다 담았기 때문에 풍성한 느낌을 주어서 교회 홍보 효과도 있었다.

### ★ 기도로 준비하기

캠프 한 달 전부터 교사가 순서를 정해 돌아가며 기도하는 릴레이 기도와 새벽 기도를 시작했다. 또한 한 끼 이상의 금식 기도를 하였다.

## 캠프 사례

### ★ 캠핑장에서 1박 2일

교회 옆에 위치한 캠핑장에서 1박 2일 캠핑으로 캠프를 진행했다(고학년 위주). 교사가 아이들과 같이 재래시장에 가서 함께 장을 보고 음식도 직접 만들어 먹으면서 유대감을 형성할 수 있었다. 물론 텐트도 함께 쳤다. 그리고 축구, 피구, 담력 체험, 보물찾기, 아침 등산 등을 하며 1박 2일의 즐거운 시간을 보냈다.

### ★ 선생님 집에서 하룻밤

낮에는 인천 대공원 수영장에 가서 신나게 물놀이를 하고 저녁에는 선생님 집으로 갔다. 선생님 집에서 하룻밤을 보내며 게임도 하고 맛있는 음식도 먹고 이야기를 나누며 서로를 더 잘 알아갈 수 있었다. 선생님 집에서 보내는 하룻밤이라 아이들에게 더욱 특별한 시간이 되었다.

1 캠핑장에서 1박 2일
2 선생님 집에서 하룻밤

1 부모님과 함께하는 저학년 아이들의 현장 체험 프로그램
2 작은 도서관에서 보내는 하룻밤
3 바비큐 구워 주시는 집사님

## ★ 부천 자연생태공원에서 체험 학습

1학년 아이들로 구성된 반이다. 현장 체험 학습을 모티브로 하여 자연생태공원에 가서 생태 체험을 하고 교회로 와서 케이크 만들기를 하는 일정이었다. 이 반의 경우는 아이들만 참여한 것이 아니라 부모님도 함께 참여해서 아이들이 좀 더 안정된 마음으로 즐겁게 참여할 수 있었다.

## ★ 작은 도서관에서 하룻밤

아파트 단지 안에 있는 작은 도서관과 근처 야외 수영장을 이용하여 1박 2일 여름 캠프를 진행했다(저학년 위주). 도서관 바닥에 캠핑 매트와 돗자리를 깔고 함께 잠을 자는 경험이 색다른 즐거움이었다. 페이스페인팅, 나뭇잎 책갈피 만들기, 아파트 놀이터에서 전래놀이 하기, 도서관에서 영화 보기, 선생님이 읽어 주는 동화책, 책 속 보물찾기, 물놀이 등 다양한 프로그램을 진행하며 아이들과 더욱 친밀해진 시간이었다.

　캠프를 반별로 진행했기 때문에 시간이 겹치지 않고 여건이 되는 다른 반 교사가 같이 협력해서 도와줄 수 있었다. 목사님, 교회 집사님, 장로님, 권사님께서 물질로 찬조해 주고 옥수수 같은 여름 간식도 준비해 주었다. 특히 캠핑의 꽃이라 할 수 있는 바비큐를 직접 준비해 주어서(고기, 소시지, 야채들) 여름내 아이들이 실컷 먹을 수 있었다. 이 반별 캠프를 통해서 아동부 아이들과 교회 어르신이 한껏 가까워졌다.

# 캠프로 얻어진 것들

## ★ 이보다 더 친밀해질 수 있을까

소규모로 반 아이들과 같은 곳에서 하룻밤을 보내고 함께 뒹굴면 아이들이랑 교사가 그리고 아이들 서로가 참 친밀해진다는 것을 느낄 수 있다. 그동안 알지 못했던 아이들의 특성도 더 잘 알게 되고 새삼 더 사랑스럽게 보인다.

　반별 캠프를 하고 나니까 반 아이들이 이제 진짜 내 편이 된 것 같았다는 교사도 많았다. 매주 만나면서도 맛보지 못했던 유대감을 형성했다는 것이다. 그런데 교사만 그런 것이 아니라 아이들도 같은 느낌이라는 것을 아이들의 표정과 그 후 변화된 행동에서 확연히 느낄 수 있다. 교회도 더 잘 나오고, 더 활발하고 적극적으로 자기를 표현한다.

## ★ 여름이 준 소중한 선물

아이들은 집을 떠나 친한 친구와 함께 하룻밤을 보내는 것만으로도 즐겁고 흥미로운가 보다. 어떤 프로그램을 하지 않아도 서로 바

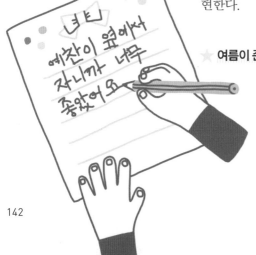

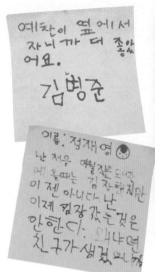

재영이와 병준이의 캠프 후기

라보며 히히거리고 이리 뛰고 저리 뛰며 즐거운 시간을 보낸다. 이처럼 반별 캠프가 교사와 아이들에게 선물 같은 소중한 추억이 되었다. 이렇게 하나둘 쌓인 즐거운 추억이 아이들을 교회에 머물게 하고, 교회를 떠났다가도 다시금 교회로 발걸음을 옮기게 하는 원동력이 되리라 생각한다.

### ⭐ 친구야, 반갑다

그동안 교회에 다니지 않았던 아이들이 교회 친구와 함께 신나는 물놀이를 하고 맛있는 것도 먹고 함께 어울리는 캠프를 통해서 교회에 나오게 되는 열매가 생겼다. 반별 캠프가 교회 밖 아이들에게 교회 문턱을 낮춰 주는 역할을 한 것이다.

# 2013 아동부 반별 여름 캠프

**1. 일시** : 2013. 7. 28.

**2. 장소** : 부천 중동 워터파크, 여월 캠핑장

**3. 참가 인원 및 전도 인원**

|  | 반 아동 | 전도 대상 | 동생, 가족 | 총인원 |
|---|---|---|---|---|
| 고려진 선생님반 | 10 |  |  |  |
| 강귀분 선생님반 | 10 |  |  |  |

**4. 인솔 교사:** 이경미, 신애순, 권선희

　　**보조 교사:** 김글인, 정혜정, 지완익

　　**협력 교사:** (캠핑장) 한동훈, 손경진, 이경화, 김혜영, 이춘영, 엄현애, 심미경, 안원

**5. 홍보 계획과 준비 과정**

| 기 간 | 내 용 | 비 고 | 세부사항 |
|---|---|---|---|
| 7/1 - 7/20 | 릴레이 새벽 기도 | 모든 교사 | 안전하고 즐거운 행사, 협력자를 위해 |
| 7/2-7/6 | 네이버 카페 | 고려진 | 시리즈로 반별 행사 공지<br>행사 장소 홍보 |
| 7/2 ~ | 아동부 전도지 제작 |  | 학교 앞 전도 |
| 7/5 (금) | POP 광고물 부착<br>(찬조/협력자 신청) | 홍수미 | 아동부와 중고등부(아+중) 행사 전체 일정 달력 부착<br>철야 예배 간식 제공(아+중) |
| 7/7 (주일) | 홍보 |  | 점심 간식 제공(아+중) |
| 7/12 (금) | 홍보 |  | 철야 예배 간식 제공(아+중) |
| 7/19 (금) | 홍보 |  | 철야 예배 간식 제공(아+중) |
| 7/14 (주일) | 가정 통신문 | 고려진 | 신청서와 회비 안내(인원 파악) |
| 7/21 (주일) | 가정 통신문 2차 | 고려진 | 신청서와 회비 안내(워터파크 신청) |
| 7/20 (토) |  |  | 이용 가능한 물품 모으기(페트병 등) 기념품(부채) 준비 |
| 7/27 (토) | 장보기 | 홍수미, 고려진 | 식사 준비, 자개 도구와 용품, 아이스박스, 가스 최종 점검 |

**6. 행사 일정**

| 시 간(7/28주일) | 일 정 | 비 고 |
|---|---|---|
| 13:30~ | 목사님의 기도 후 출발 | 김밥과 어묵국 제공(교회 식당) |
| 14:00 ~ 17:30 | 워터 파크 물놀이 | 워크 파크에서 간식 |

| | | |
|---|---|---|
| 17:30 ~ 18:00 | 여월 캠핑장으로 이동 | |
| 18:00 ~ 20:00 | 저녁 식사 | 삼겹살 바베큐 |
| 20:00 ~ 21:00 | 레크리에이션 | 기념품 증정 |
| 21:00 ~ | 기도, 정리 후 귀가 | 부모님 차량, 교회 차량으로 귀가 |

## 7. 경비

| 수 입 | | | 지 출 | | |
|---|---|---|---|---|---|
| 아동 회비 | 30명 × 25,000원 | 750,000원 | 워터 파크 | 입장료(40명) | 800,000원 |
| 교사 회비 | 4명 × 100,000원 | 400,000원 | 점 심 | 김밥 | 60,000원 |
| | | | | 어묵국 | 10,000원 |
| | | | | 음료수 | 10,000원 |
| | | | 저녁 | 고기 | 200,000원 |
| | | | | 야채,쌀 | 20,000원 |
| | | | | 과일 or 과자 | 30,000원 |
| | | | 기념품 or게임 상품 | | 20,000원 |
| 합 계 | | 1,150,000원 | 합 계 | | 1,150,000원 |

※ 도움 주신 분 답례품은 별도
※ 가스버너, 가스, 휴지, 불판, 일회용품은 구입하지 않고 해결할 수 있도록!

## 8. 반별 일정 및 장소

| 행사일정 | 반(교사) | 차량 | 장소/프로그램 |
|---|---|---|---|
| 13.07.20(토) | 박혜진 | 안함 | 자연 식물원 무릉도원 수목원 + 교회서 케이크 만들기 |
| 13.07.21(주) | 김영완 | 12인승 | 만화 박물관 + 여월 캠핑장 바비큐 |
| 13.07.24(수) | 이혜진 | 안함 | 목동 아이스링크 + 영화 관람 + 저녁 식사 |
| 13.07.25(목) ~ 07.26(금) | 이경미 | 12인승 | 연극 관람 + 워터 조이 + 여월 캠핑장 |
| 13.07.26(금) | 신애순 · 권선희 | 12인승 | 인천대공원 물놀이장 + 여월 캠핑장 바비큐 |
| 13.07.26(금) ~ 07.27(토) | 하민수 | 안함 | 3단지 도서관 + 영화 관람 + 종합 운동장 야외 수영장 |
| | 한동훈 | 12인승 | 여월 캠핑장 1박2일 |
| 13.07.28(주) | 최혜영 · 권미혜 | 버스 | 워터조이 + 여월 캠핑장 바비큐 |
| 13.08.01(목) ~ 08.02(금) | 박혜진 · 김미희 | 버스 | 서울랜드 캠핑장 |
| 13.08.04(주) ~ 08.05(월) | 하진수 · 심미경 | 12인승 2대 | 김포 야외 수영장 + 농촌 체험 |
| 13.08.11(주) ~ 08.12(월) | 김수영 | 안함 | 인천대공원 + 집에서 파자마 토크 |

새내기 여행
소개영상 바로가기

# 새내기 여행

## The Power of One Person

| 행사 개요 | 예비 중학생(초등학교 6학년) 친구들이 함께 연말에 여행을 간다. 예비 초등학생도 같은 형태로 진행한다. |
|---|---|
| 행사 목적 | 예비 중학생들의 정착과 교제 |

1. **정착** : 새내기들이 중등부로 올라가면서 새로운 예배 환경을 접하게 된다. 아이들이 낯선 환경에 어색해하지 않고 중등부에 자연스럽게 정착하도록 하기 위함이다.
2. **교제** : 또래 친구들과 관계를 형성하여 좋은 추억을 만들게 하고, 중등부 선배 및 선생님들과 자연스러운 교제가 이루어지도록 한다.
3. **새로운 시작** : 초등부에서 중등부로 등반하는 교회 학교 생활의 시작을 알리고, 새로운 마음과 다짐 그리고 중등부 생활에 대한 기대감을 갖도록 한다.
4. **협력하여 선을 이루기** : 초등부와 중등부의 협력을 통해서 새내기가 신앙 안에서 잘 성장하도록 한다.

연말과 연초에 교회 학교는 등반과 졸업으로 인해 반을 재편성하고 변경하는 일로 분주하다. 어수선한 환경에서 새내기를 맞이할 경우 그들이 중등부라는 낯선 환경에 정착하는 것이 어려워진다. 또 교사들도 아이들과 첫 만남에 집중하지 못하고 시간을 흘려보내는 경우도 생긴다.

등반하는 과정 중 새내기에 대한 단순한 인적 정보(이름, 연락처 등등)가 전달되기도 하고 그러지 못한 경우도 있다. 그런데 새내기의 출석 상태, 교우 관계 등은 교사가 아이를 파악하는 데 중요한 정보가 되기에 꼭 전달받도록 신경 쓴다. 중등부 선생님은 위와 같은 정보 등을 얻기까지 많은 시간을 쏟게 되는데, 아이들과의 접촉이 제대로 이루어지지 않으면 결과적으로 이들을 잃어버리게 된다. 이런 안타까운 일들이 매년 겪게 되는 우리의 고민과 문제였다.

비행기가 육지에 사뿐히 착륙하는 것을 '소프트 랜딩'(soft landing)이라고 한다. 간단히 말하면 새내기 여행은 초등부에서 중등부로 등반하는 새내기들이 소프트 랜딩을 할 수 있도록 돕는 프로그램이다.

새내기는 중등부에 바로 심겨지는 '겨자씨'들이다. 이 친구들이 자연스럽게 정착해 열매를 맺을 씨앗이 되고, 또 새롭게 오게 될 또래 친구들을 위한 범퍼와 울타리 역할을 수행할 수 있다. 그렇기 때문에 중등부에서는 새내기 여행을 중요하게 생각하고 매년 준비하고 있다.

아동부 새내기 1박 2일 여행
# "응답하라 2007 새내기"

## 1. 운영목적

아동부에 잘 적응할 수 있도록 선생님과 관계를 형성하도록 한다.
부모 곁을 떠나서도 1박 2일을 보낼 수 있음을 알게 한다.

## 2. 날짜 및 회비

일　　시　2014년 1월 26(주) ~ 27(월)
장　　소　용인 케빈호스텔(00랜드)
회　　비　3만 원
새 내 기　18명 / 교사:10명
준 비 물　세면 도구, 여벌옷, 수영복, 눈썰매 복장
참가교사　한동훈, 고려진, 홍수미, 강귀분, 신태양, 김용기, 신애순, 권선희, 김영완, 김종우, 이정훈(11명)
새내기명단　송승애, 윤시후, 나지민, 진승완, 임재희, 원아린, 이지인, 한예겸, 김민영, 백주호, 소정현,
　　　　　　이채은, 문하유, 서정우, 이하음, 이예음(16명)
차량 운전　한동훈, 김종우, 이정훈(스타렉스 2대, 카니발)

## 3. 프로그램 (사정에 따라 변동 될 수 있습니다)

| | 시간 | 26(주) | 27(월) |
|---|---|---|---|
| **오전** | 08:00 ~ 10:00 | | 기상 및 아침 식사 |
| | 12:30 ~ | 홍보(교사 전체) | 10시 퇴실 |
| **오후** | 1:00 ~ 6:00 | 미션(용인 휴게소)<br>눈썰매 타기<br>빛의축제 관람 | 캐리비안베이<br>(3시출발) |
| | 6:00 ~ 7:00 | 반배정 및 저녁 먹기 | 집으로 고고!<br>(4시30분 도착) |
| | 7:00 ~ 8:00 | 신나게 뛰어 보자 | |
| | 8:00 ~ 9:00 | 해피투게더 야간 매점 | |
| | 9:00 ~ 10:00 | 자유 시간 | |
| | 10:00 ~ | 씻고 취침 | |

## 4. 프로그램 설명

런닝맨 3개 조로 나눠 교회에서 미션을 수행하고 출발(선생님 선발대 2팀은 먼저 출발)

**1코스** : 교회에서 출발 / 교회 사진을 제시해 주면 조별로 사진과 같은 장소를 찾아서 인증샷
 (2만 5천 원, 1만 5천 원, 1만 원) / 차 안에서 먹을 수 있는 간식 준비

**2코스** : 용인 휴게소(도착한 순서대로 퍼즐을 먼저 맞추는 팀에게 점심값 제공)
 (2만 5천 원, 1만 5천 원, 1만 원)

**레크리에이션** 스피드 게임, 베개 싸움, 릴레이 방석, 꼭꼭 숨어라

**해피투게더 야간 매점** 주먹밥 만들기(게임을 통해 주먹밥 재료를 얻은 뒤 직접 만들기)

## 5. 사전 당일 준비 사항

| | 항 목 | 세부내용 | 담당자 |
|---|---|---|---|
| 사전 | 미션지 | 교회 출발(사진 미션), 용인 휴게소(퍼즐 미션) | 하진수 |
| | 홍보 | 당일 출발 3부 예배 후 홍보, 문구 사용(2007 응답하라 아동부 새내기가 떠난다. 1박2일 새내기 여행, 기도와 많은 관심 부탁드립니다.) | 홍수미, 박혜진 |
| | 부모님 선물 보내기 | 양말, 장갑 | 홍수미 |
| | 해피투게더 야간 매점 | 주먹밥 재료 | 윤은영 |
| | 보험 가입 | 본인 주민번호, 엄마 주민번호, 주소 | 엄현애 |
| | 레크리에이션 | 저녁 레크리에이션, 야간 매점 레크리에이션 | 이정훈 |
| | 차 안 간식 | 30개 준비(바나나, 요플레 등등) | 김정화 |
| | 회계 | 새내기 일정 | 권미혜 |
| 당일 | 차량 | 스타렉스 2대, 카니발 | 이정훈 |
| 사후 | 평가회 | 2월 2일 점심 식사 후. | 교사 전체 |

## 6. 예산

| 수입부 | | | 지출부 | | | |
|---|---|---|---|---|---|---|
| 내역 | 금액 | 비고 | 항목 | 내역 | 금액 | 비고 |
| 아동부 재정 | 490,000 | | 시설 이용 | 숙박, 식사 3번 | 990,000 | 55,000원×18명(새내기) |
| 새내기 회비 | 540,000 | 18명×30,000 | | | 550,000 | 55,000원×10명(교사) |
| 교사 회비 | 550,000 | 10명×55,000 | 보험료 | 현대해상 | 100,000 | |
| 교사 찬조 | 570,000 | 19명×30,000 | 교통비 | 주유비 | 200,000 | |
| | | | | 톨게이트비 | 50,000 | |
| | | | 간식 | 간식비(4팀) | 200,000 | |
| | | | 기타 | 예비비 | 75,000 | |
| 합계 | 2,150,000 | | 합계 | 2,150,000 | | |

## 준비과정

중등부 새내기 여행은 11월 말을 시작으로 이듬 해 첫 주일 예배까지 5주 정도에 걸쳐 준비한다. 새내기 여행은 새내기 파악, 첫 미팅, 여행, 새내기 여행 이후 첫 예배 관리까지를 포함한다.

**Sample** 전체 준비 일정표

| 주일 | 월 | 화 | 수 | 목 | 금 | 토 |
|---|---|---|---|---|---|---|
| 30<br>아동부 인원<br>파악 | 1 | 2 | 3 | 4 | 5 | 6 |
| 7<br>새내기들 아동부<br>예배 눈팅 | 8<br>1차 인원 모집 | 9 | 10 | 11 | 12 | 13 |
| 14<br>가정 통신문<br>발송 | 15<br>2차 인원 모집 | 16 | 17 | 18 | 19 | 20 |
| 21<br>새내기<br>떡볶이 파티 | 22<br>3차 인원 모집 | 23 | 24 | 25<br>성탄절 | 26 | 27 |
| 28<br>새내기 여행 | 29 | 30 | 31 | 1/1 | 1/2 | 1/3 |
| 1/4<br>첫 주일 예배 | | | | | | |

**1. 새내기 파악 (4주전)**
① 새내기 초등부 선생님과의 미팅
② 새내기 출석 상태 및 신상 정보 확인(친구, 가족, 기타)
③ 중등부 예비 분반 인원 작성

**2. 새내기 준비 모임(1~3주전)**
① 새내기 초등부 예배 눈팅
② 새내기 여행 소개 및 가정 통신문
③ 떡볶이 파티 with 담임 선생님, 중등부 선배

**3. 새내기 여행 출발(당일)**
① 새내기 초등부 졸업 예배 참관
② 새내기 여행 진행

**4. 새내기 여행 이후 첫 예배 관리(첫 주)**
① 새내기 첫 주일 예배 관리
② 중등부 겨울 수련회 참석 독려

## 세부 내용

새내기 여행의 세부 사항을 일정 순으로 자세히 설명하려 한다. 먼저 새내기 여행 4주 전부터 새내기들의 정보를 최대한 파악한다. 파악된 인원과 정보를 기준으로 중등부 반을 편성하여 담임교사와 새내기의 여행 전 만남을 진행한다. 그리고 여행!!

## 새내기 파악
### (4주 전)

⭐ **새내기, 넌 누구니?**

새내기 여행 4주 전부터 새내기의 정보를 파악하는 기간이다. 먼저 새내기 초등부 선생님과의 미팅을 통해서 새내기의 명단을 전달받고, 출석 상태는 어떤지, 친구들은 있는지, 교회에 오게 된 계기는 무엇인지 파악한다. 연락처, 학교, 가족 정보, 그리고 좋아하는 것, 취미, 특기, 학원, 및 주로 다니는 곳 등의 신상 정보 등을 최대한 얻도록 한다. 이후에 친구들의 연락처를 통해서 카톡, 페이스북 등의 SNS 사용 여부 등도 확인한다. 초등부 입장에서는 새내기 여행이 졸업 여행이기 때문에, 초등부 선생님을 통해서 먼저 새내기 여행 일정과 관련된 부분이 안내될 수 있도록 한다.

이렇게 파악된 인원과 정보 등을 가지고, 1차적으로 중등부 반을 편성한다. 중등부 담임교사들도 이후에 담당하게 될 새내기들에게 관심을 갖게 하고, 사전 미팅이나 새내기 여행에서 한 조로 편성할 수 있도록 하여 새내기와 담임교사의 접촉 시간과 횟수를 늘린다.

# 진지함과 즐거움이 있는 곳
# 2015 중등부 새내기 여행

안녕하세요! 성만교회입니다.

차디찬 추위 속에서도 마음 따스함을 느낄 수 있는 것은 주님의 사랑 때문이 아닌가 합니다. 날로 강건하시고, 귀한 그 사랑을 날마다 누리는 가정이 되시기를 교사들과 함께 기도드리겠습니다.

올 겨울! 2015년 중1이 되는 친구들과 1박 2일 여정의 새내기 여행을 다녀오고자 합니다. ^^ 함께 꿈꾸고 함께 뒹굴며 멋진 추억을 만드는 여정 속으로 새내기를 초대합니다!

부모님의 많은 기도와 협력을 부탁드립니다.

**일 시** 2015년 12월 28일(주)~29일(월)

**장 소** 들꽃마을 향시의집(경기 양평군 용문면 삼성리 204-1 / ☎031-774-0000)

**회 비** 10,000원

**준비물** 세면 도구, 편한 옷차림(갈아입을 옷), 장갑

**중고등부 간사** 배상환 교사(010-4948-0000)

**중고등부 총무** 정 우 교사(010-4643-0000)

**성만교회 사무실** 032-323-9521

2014년 12월 12일

------------------------------------- 절 취 선 -------------------------------------

## 참가 신청서

| 자녀 이름 | | 보호자 성함 | |
|---|---|---|---|
| 자녀 연락처 | | 보호자 연락처 | |
| 자녀 주민번호 | | 보호자 주민번호 | |

※여행자보험 가입 관계로 자녀의 주민등록번호가 필요합니다. ※만 15세 미만일 경우 보호자의 주민등록번호도 필요합니다.

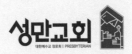

## 새내기
## 준비 모임
(1~3주 전)

★ **새내기, 너를 알고 싶어!**

새내기 여행 1~3주 전에는 새내기 초등부 예배에 참관하여 아이들과 가벼운 만남의 시간을 갖는다. 초등부 선생님과 함께 아이들의 얼굴을 확인하고 가볍게 인사한 뒤 음료수나 간식(초콜렛, 사탕 등등)을 준비해 짧은 첫 만남을 갖는 시간이다.

떡볶이 파티와 새내기 여행에 대해서 간단하게 설명하고 가정 통신문을 전달하며 이후 일정에 참여하도록 독려한다. 참여를 독려할 때 새내기의 다른 친구들도 함께 올 수 있도록 한다. 새내기 여행을 통해서도 아이들이 새 친구들을 자연스럽게 전도할 수 있도록 하면 정착과 열매를 더 기대할 수 있다.

새내기 여행 바로 이전 주는, 떡볶이나 라면 파티, 샌드위치 파티 등을 갖는다(아이들 기호에 맞게). 아이들이 직접 음식을 만드는 시간을 갖게 하면서 자연스럽게 대화하고 알아가는 시간을 갖는다. 조별로 음식 만들기 콘테스트로 진행하는 것도 좋다. 간단한 레크리에이션 등을 통해서 Ice Breaking도 하고 유쾌한 시간을 함께 공유하고 느끼도록 한다. 이후에 새내기 여행에 대해서도 소개하고 아이들의 참석을 독려한다.

새내기에게 줄 간단한 선물을 준비하면 첫 만남이 더 부드럽다.

# 새내기 여행 출발

## ★ 여행을 떠나요!

새내기 초등부 졸업 예배 후에 1박 2일 여정으로 새내기 여행을 떠난다. 새내기 여행은 이후 중등부에서 분반할 경우를 고려하여 조를 편성해 담당 교사를 배치하고, 중등부 선배들도 함께 떠나도록 한다. 선배 역할로 떠나는 중등부 친구들에게도 선배로서의 책임감과 리더로서의 경험을 훈련할 수 있는 귀한 시간이 된다. 또한 새내기들은 나이가 비슷한 선배를 편하게 여기고 잘 따르는 경향이 많다. 이 여행을 통해 자연스럽게 교회 안에서 중등부 선후배 간의 교제도 이루어질 수 있다.

## ★ 첫째 날

이동하는 버스에서 간단한 자기소개를 한다. 레크리에이션 및 조별 미션 등을 준비해 진행한다. 자연스럽게 아이들 모두가 서로를 알아가는 시간이 되고, 재미난 여행의 시작과 기대감을 갖게 한다.

　도착한 여행지에서는 현장 체험이나 견학을 기획한다. 전체 레크리에이션, 저녁 식사 만들기 콘테스트 등의 프로그램을 준비해 새내기들과 함께 하는 시간을 갖는다. 2015년 새내기 여행은 선생님들과 같이 도자기 체험을 하였다. 아이들과 함께 연필꽂이, 화병 등을 만들고 꾸미는 시간을 가졌으며, 만드는 과정 중에 자연스럽게 대화할 수 있었다. 그리고 만들어

버스 안에서 하는 자기소개.
어색하지만 씩씩하게.

서로를 자연스럽게 알아가는 도자기 만들기.
만드는 과정과 결과물을 통해
새내기의 개성을 알아볼 수 있다.

진 작품(?)을 통해서 새내기들의 개성을 엿볼 수 있는 시간이 되었다.

이밖에도 염료 체험, 치즈 체험, 천문대 관측 등 여러 가지 프로그램을 찾을 수 있다. 프로그램이 특별하지 않아도 동갑내기와 함께 떠나는 여행은 아이들이 재미있게 참여한다.

저녁 식사를 주변에서 사먹을 수도 있지만 음식 만들기 콘테스트로 진행해도 재미있다. 취사가 가능한 숙소를 찾아야 하고, 만들기 쉬운 메뉴를 정해 재료를 준비하는 것이 번거로울 수도 있지만 함께 어우러지면서 하나가 되는 여행의 목적과 딱 맞는 프로그램이다.

저녁 식사 후에는 숙소에서 레크리에이션(스피드게임, 베개 싸움, 릴레이 방석, 꼭꼭 숨어라, 다리 수를 맞춰요, 인간 탑 쌓기 등)을 한다. 부딪히며 친해지는 모든 게임은 다 좋다. 게임은 혼자 하는 것에서 여럿이 하는 것으로 진행하는 것이 좋다.

저녁에는 새내기 여행에 함께 온 새내기, 선생님, 중등부 선배들, 전도사님, 목사님과 기도와 경배의 시간을 갖는다. 앞으로 중등부 생활을 위해,

신앙 안에서 좋은 경험과 추억을 쌓을 수 있도록 같이 기도한다. 이후 중등부 담당 전도사님, 목사님의 인도에 따라서 말씀과 은혜를 나누는 시간을 갖는다. 이 시간을 통해서 새내기들이 중등부 학생으로서 믿음을 고백하고 다짐하게 된다.

이후 간단하게 간식을 먹고 자유 시간을 가진 뒤 취침한다.

1 저녁 만들기 콘테스트. 만들기 쉬운 메뉴를 정해 실시한다.
2 숙소에서 같이 놀기

**1** 아침 식사 후 단체 사진
**2~4** 눈썰매장에서 신나게 놀기

## ★ 둘째 날

산책 후 아침 식사를 한다. 인근에 있는 눈썰매장에 들러서 신나게 논 뒤 오후에 교회 도착. 점심은 눈썰매장에서 사먹었다. 출발 전 부모님께 도착 예정 시간을 문자로 발송했다.

## 여행 이후 예배 관리 (첫주)

### ★ 나는 이제 중등부!

새내기 여행을 한 후에 중등부 첫 예배에 나오도록 하는 것이 중요하다. 새내기 여행 때 맺었던 관계를 잘 활용하여서, 반별 담임선생님이 인도하도록 한다. 예배 시간, 예배 장소와 위치, 성경책 지참 여부와 준비사항을 안내하고 주일 전날과 및 주일 아침에도 심방하여서 첫 예배를 잘 드릴 수 있도록 인도한다.

선생님과 새내기 여행을 함께 갔던 중등부 선배가 주일 예배에 오는 새내기를 함께 맞이하고 반별 지정석에 앉아서 자연스럽게 예배를 드릴 수 있도록 한다.

새내기 여행은 아직은 초등부인 친구들과 접촉하여 진행해야 하는 부분이 많기 때문에, 초등부 교사들과의 협력이 중요하다. 더불어 새내기 여행을 준비하는 기간에는 성탄절 예배 준비와 연말 행사 등이 겹쳐서 분주할 수 있기 때문에, 먼저 사전 과정과 일정 등을 초등부 교사와 잘 공유해야 한다.

요즘 아이들 특성상 모르는 사람의 전화나 메시지 등은 무시하고 지나쳐 버리는 경우가 많기에 처음에는 초등부 선생님이나 면식이 있는 새내기를 중심으로 만남을 시도하는 것이 좋다. 대부분 중등부의 경우에는 방학 중에 동계 수련회를 하고 있다. 새내기 여행이 좋은 기억이 된다면 동계 수련회에 대하여 거부감 없이 아이들이 참석하여 은혜를 누리는 기회를 얻게 된다.

여행을 다녀온 후에는 반드시 2~3분 정도의 영상을 만들어 교회에서 꼭 상영한다.

글·허성구 장로

# 세대를 아우르는
# 교회 문화

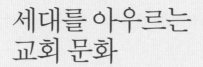

어려서부터 신앙생활을 한 분들은 교회 어르신들이 동네 아이들 머리를 쓰다듬으며 "누구 집 아들인고!" 하고 말씀해 주던 추억을 가지고 있을 듯하다. 그런데 다들 공감하겠지만, 요즘 아이들은 어른이 지나가도 인사하지 않는다. 오히려 어른이 먼저 인사해야 대답할까 말까 한다. 그렇다고 아이에게 인사를 하라고 매번 말을 하는 것도 참 그렇다.

교회 어른에게 사랑과 칭찬의 말들을 많이 받고 자라는 아이들은 신앙이 건강하게 성장한다고 생각한다.

언젠가부터 교회에 아이가 많아졌다. 부모님과 함께 오지 않는 아이도 늘어났다. 내가 모르는 아이들을 보면서 "어른이 아이와 가까이하지 않으면 교회가 단절되겠구나" 하고 생각했다. 어른은 어른끼리 아이는 아이끼리 말이다.

우리 교회는 파자마 토크, 성인식 여행, 라면 캠프 등 아이들 행사에 어른이 함께 어울리며 지내고 있다. 어른이 아이를 섬기고 같이 신나게 노는 자리를 많이 마련한다. 명절에 세배하면 세뱃돈도 주고, 가위 바위 보를 해서 꿀밤을 주거나, 용돈을 주기도 한다. 마치 친할아버지, 할머니처럼 다가가 챙기니 아이들이 살갑게 다가오는 걸 보게 되는 것 같다. 어른이 먼저 친근히 다가가니 우리 장로님이 누구인지 안수집사님이 누구인지 어른의 이름을 기억하고 아는 척하는 아이들이 늘어나고 있다. 아이가 교회의 한 성도로 자리매김하는 걸 보는 일은 참 감사하다.

아이도 성도이다. 그리고 성도간의 교제는 교회 안에서 아주 자연스러운 모습이다. 작은 섬김이지만 교회 중직자의 생각과 행동 또한 변화시키는 시작이 될 것이라 생각한다. 교회 학교 교사들이 뭔가 하려고 할 때 실현 가능성을 견제하고 지켜보는 것이 아니라, 그들이 마음껏 사명을 감당하도록 지지하며 섬기는 우리가 되어가고 있다.


시작해 보자!
아름다운 공동체로 변화하는 모습을
분명 발견하게 될 것이다.

# 우리들의 여름 이야기

"교회는 지루하다. 교회는 재미없다. 교회는 적막하다."

경건과 은혜로 표현되는 교회와 교회 문화를 교회 밖에서는 시대와 동떨어진 것으로 여길 수 있다. 한때 우리 사회의 문화를 선도하던 곳이 교회였는데 지금은 세상의 문화에 밀리는 듯하다. 어쩌면 더 즐겁고 화려하고 자극적인 세상에 많은 영혼을 빼앗기고 있는 것은 아닐까?

뜨거운 여름이 다가올 때 다시 한 번 우리 아이와 우리 성도에게 무엇을 선물할까 고민하게 되었다. 이 시대에 맞는 아름다운 공동체 문화, 교회 문화를 만들 수는 없을까. 교회가 가진 장점을 살려 모든 성도를 아우르며 하나가 될 때, 분명 아이들은 그 안에 녹아진 사랑과 섬김과 감사를 배우게 될 것이다. 세상과 비교할 수 없는 교회만의 문화를 말이다.

이번 여름, "우리들의 여름 이야기"라는 행사를 통해 온 성도가 들썩거렸다. 모든 성도를 대상으로 조를 편성하고 참여를 독려하는 과정에서, 감사와 행복의 표정을 보았다. 아이들부터 할머니까지 한 조로 움직이면서 '교회 식구끼리의'의 고마움을 보았다. 누구도 배제되거나 소외되지 않고 각자의 형편껏 함께할 수 있는 장을 열어 주는 것! 그동안 알면서도 하지 못했던 것이다.

그래서 이번 여름은 참 감사했다. 모두의 얼굴에서 본 즐거운 표정은 목회자 입장에선 흐뭇한 감사의 고백이 될 수 있다. 그래서 조심스레 한 번 해보시라 권면한다. 교회가 즐겁고, 신바람 나고, 행복한 곳이 될 수 있음을 모두가 보게 될 것이라 확신한다.

　우리들의 여름 이야기는, 온 교회 성도를 10개 조로 편성한 뒤 각 조별로 미션을 수행하면서 즐거운 여름 이야기를 만들어가는 것이 기본 골자라 할 수 있다.

### ★ 조 구성 :

여성 구역을 중심으로 모든 성도를 총 10개 조로 편성했다.

- 각 조의 구성은 사랑부, 유치부, 아동부, 중고등부, 청년부, 장년부까지 골고루 조직한다(영아부는 부모와 같이 활동).
- 한 조를 40명 정도로 조직한다(45인승을 한 번에 이용할 수 있는 인원).
- 교회 안 가족은 한 조로 편성하여 가족이 흩어지지 않도록 주의한다!!
- 조장과 총무(남녀 각1명)를 선정한다.

### ★ 각 조별로 미션을 수행한다.

**필수 미션 3가지** 토요일 하루를 지정해 단체로 교회를 청소한 후 식사하기, 금요 기도회에서 특송하기, 파자마 토크에 참석하기.

**선택 미션** 조별 여행, 영화 관람, 야구 관람, 등산 등 각 조에서 상의하여 2~3가지 미션을 수행한다.

| 필수 미션 | 선택 미션 |
|---|---|
| 교회 청소 후 조별 식사(8월 첫째 주부터 시작)<br>부흥회 특송(3팀) + 금요기도회 특송(7팀)<br>파자마 토크 7월 27일(월) ~ 31일(금) | 야구 관람, 축구 관람, 영화 관람, 캠핑, 계곡 여행, 기차 여행, 갯벌 체험, 농촌 체험, 수영장, 등산, 볼링 등 |

1) 필수 미션은 19일(주) 3부 예배 후 본당에 조별로 모여 제비뽑기합니다.
2) 선택 미션은 2개 이상 기획안을 작성하여 22일(수)까지 제출하고, 조정 기간을 거쳐 조장, 총무 모임에서 결정합니다.

## ★ 전체 일정

7월 중순부터 시작하여 2달간 진행한다.

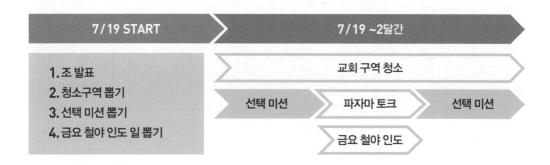

조별로 필수 미션과 선택 미션을 수행하며
행복한 여름 이야기를 만든다.

## 1안

| 일 정 | 행사명 | 여행 | | 장소 | 장흥 유원지 내 ○○랜드 |
|---|---|---|---|---|---|
| | 날짜 | 2015년 8월 15일 | | 예상인원 | 50~60명 |
| | 회비 | 한 가족 : 3만 원 **청년** : 1만 원 **아동부** : 5천 원 | | | |
| 준비물 | 개인 준비물 : 수영복, 수영모, 여벌 옷, 타월<br>단체 준비물 : 바비큐용 고기, 야채 등 식사와 간식거리, 이동용 45인승 버스<br>행사 준비물 : 모든 가족에게 고루 돌아갈 수 있는 포장한 생필품 선물(샴푸, 세제, 양초 등) | | | | |
| 진행방법 | ※ 8월 10일 이전까지 버스 섭외 및 기타 준비물 목록 작성<br><br>1. 8월 15일 당일 오전 9시까지 집결<br>2. 버스로 행사 장소까지 이동(약 한시간 소요 예상)<br>3. 버스 내 레크리에이션 행사 진행<br>4. 도착 후 수영복으로 환복 후 식사 준비<br>5. 중식 (목살 바비큐)<br>6. 단체 레크리에이션 진행<br>7. 간식(어묵, 떡볶이, 컵라면, 과일류)<br>8. 자유 물놀이<br>9. 집결 후 단체 사진 및 성만뉴스 오프닝 촬영<br>10. 버스로 교회로 이동(성경 퀴즈 진행)<br>11. 교회 도착, 정리 모임 후 해산 | | | | |
| 사전모임<br>기도회 | • 조장 및 총무 2인은 2015년 8월 3일부터 5일간 새벽예배로 기도회 대체<br>• 새벽예배 후 교회 카페 앞에서 행사 관련 회의 진행 예정 | | | | |

## 2안

| 일 정 | 행사명 | 야구 관람 | | 장소 | 목동 야구장 |
|---|---|---|---|---|---|
| | 날짜 | 2015년 8월 8일 (토) 저녁 6시 | | 예상인원 | 40명 |
| | 회비 | 1인당 만 원 | | | |
| 준비물 | 개인 먹거리, 회비, 모자, 응원 도구 | | | | |
| 진행방법 | • 경기 1시간 전에 입장하도록 한다.<br>• 하프타임 시간에 행운권 추첨을 한다.<br>• 교회 네이버카페에 활동 사진 올린다.<br>• 담당자는 회원에게 연락 요망 | | | | |
| 사전모임<br>기도회 | • 8월 1일(토) 오전 11시 교회 카페에서 진행위원 모임<br>• 1회 새벽기도 | | | | |

## ⭐ 기타 사항

1. 기본 재정은 조장과 총무가 찬조한다(조장 100만 원, 남자 총무 20만 원, 여자 총무 10만 원).

2. 조원이 미션에 참석할 경우 책정된 회비를 걷어 진행하며, 그 외에 추가적인 부분은 조에서 결정한다.

3. 행사는 누구라도 부담 없이 참여할 수 있게 협력해서 준비하라 (묻고, 질문하고, 들어라).

4. 익숙한 사람들은 뒤에서, 새로운 가족들은 앞에서 움직이도록 격려해 주어라.

**※ 카페에 글 올릴 때 주의 사항**
- 조장과 총무 이름을 꼭 올리고, 재미있게 활동한 조원의 사진과 이름을 활용하라.
- 잘 드러나지 않은 성도들 사진을 순간순간 찍어서 카페 글에 활용하라.
- 칭찬을 아끼지 마라.
- 다른 사람들이 글을 읽을 때 거부감이 들거나 불편하지 않도록 주의해서 글을 올려라.


## ⭐ 파자마 토크 준비

1. 접수할 인원을 뽑는다(한 조에 1명).

2. 레크리에이션 도우미를 뽑는다(청년으로 한 조에 3명).

3. 물놀이 기구를 세팅할 사람을 뽑는다.

4. 주 메뉴는 2개 조가 합의해서 준비한다. 예) 바비큐, 제육볶음 등

5. 사이드 메뉴도 결정한다(아이들이 시장에서 장 볼 메뉴). 예) 계란말이, 과일 샐러드, 어묵볶음, 오이냉국 등

6. 사이드 메뉴가 준비되었다면 그에 맞는 세팅을 식당에 미리 준비한다.

7. 파자마 토크 회비는 청장년 만 원, 유치부~중고등부 오천 원으로 한다.

## 조장 십계명

1. 생각을 메모하고 공유해라
2. 총무 및 구역장 교사들과 그룹 카톡을 만들어 생각을 공유해라
3. 상담자가 되거나 충고하는 역할을 하지 마라
4. 적극적인 조원을 협력자로 세워 가라
5. 무엇이든 판단하고 지시하는 것은 금물이다
6. 지갑을 열어라
7. 조원들을 즐겁게 해주어라
8. 구역장, 교사의 이름을 기억하라
9. 직분으로 호칭하라
10. 기도하라

## 총무 십계명

1. 조장의 가장 가까운 거리에서 업무를 수행하는 위치임을 잊지 마라
2. 조와 조 사이에 정보가 유기적으로 전달 될 수 있도록 조절하라
3. 조원에게 활력을 불어 넣을 수 있는 일을 고민하라
4. 총무는 그 조의 얼굴이다. 긍정적인 모습으로 조를 표현하라
5. 진행되는 일은 문서로 작성하고 보관하라
6. 일정에 변동 사항이 있을 경우 전체적인 움직임에
   차질이 없도록 조치하라
7. 조원이 이탈하지 않도록 관리하라
8. 모든 연락망의 중심에서 조원을 관리하라
9. 조장에게 수시로 중간 보고를 하라

10. 지갑을 열어라

Memo